Organización de bodas

Guía práctica para profesionales y novios

Rosario Jijena Sánchez
Colaboración de María de Martin

Organización de bodas

Guía práctica para profesionales y novios

Rosario Jijena Sánchez

Colaboración de María de Martin

nobuko

Jijena Sánchez, Rosario
    Organización de bodas: guía práctica para profesionales y novios / Rosario Jijena Sánchez; con colaboración de María Del Sordo de Martin. - 1a ed. - Buenos Aires: Nobuko, 2010.
    216 p.; 21x15 cm.

    ISBN 978-987-584-307-3

    1. Costumbres. 2. Ceremonias. I. Del Sordo de Martin, María, colab. II. Título
    CDD 392.5

Diseño de interior
Maia Elkin

Corrección
Cristina Badaracco

Fotografía de tapa
Daniel Maquez | www.danielmaquez.com.ar

Hecho el depósito que marca la ley 11.723

© 2010 nobuko
ISBN: 978-987-584-307-3
Octubre de 2010

Índice

C1 • Cómo organizar una boda — 13

C2 • Costumbres de otros países y religiones — 25

C3 • Pautas protocolares — 49

C4 • Ceremonias religiosas. Un ejemplo: boda católica — 65

C5 • Importancia de la gastronomía — 81

C6 • Elección de la sede. Ambientación — 101

C7 • Aspectos de contratación a considerar — 121

C8 • Curiosidades — 133

C9 • Vestimenta de los novios, madrinas y padrinos — 149

C10 • Filmación, fotografía, sonido e iluminación, traslado de los novios — 169

C11 • Luna de miel, hotel, viaje, preparativos, consejos — 181

C12 • Otras consideraciones — 191

C13 • ¿Por qué contratar a un organizador de bodas? — 205

Introducción

El ABC de la Organización de Bodas

En mi primer libro "Cómo organizar eventos con éxito" (que cumple 10 años de su primera edición) hablo de las pautas necesarias para organizar bodas por lo que haré un resumen, ya que considero resultará interesante para mis queridos lectores.

Casamientos y Eventos sociales

Cuando hablamos de recepciones sociales lo que despierta mayor interés es la preparación de un casamiento.

En este tipo de eventos juega un papel muy importante la parte emotiva. A veces es difícil para el organizador porque, según sean las personas con las que deba tratar, pueden estar más o menos alteradas o susceptibles, y eso repercute en indecisiones sobre una idea, o cambio de planes sobre la marcha (por ejemplo porque aumentó el presupuesto, o por el contrario disminuyó).

Tengamos en cuenta que también se dan luchas internas en las familias (a veces sin necesidad de llegar a parecer Montescos y Capuletos), cuando no se define bien quién es el responsable de todo.

Sucede que lo que dice la novia, no es lo que pretende su papá, y cuando ella logró coincidir con su novio, después de mucho convencerlo, no es lo que pensaba o quería su futura suegra.

Sugiero tratar con una sola persona y ponerlo en el contrato como condición.

Este evento, también se programa con todas las características de una compleja organización, lo que aquí no se contempla por supuesto, es la comercialización o la publicidad, salvo en el caso de figuras notables, que desde ya "hacen un negocio" de su casamiento (con estrategias de marketing, espacios de publicidad, venta de la transmisión en directo a un solo canal o medio) pero esto no es lo que sucede en la mayoría de los casos.

Pero sí, la preparación debe ser con los tiempos adecuados y sobre todo la programación en sí de la reunión.

Es indispensable considerar el tiempo que durará la ceremonia y la fiesta, respetando así a los invitados.

A veces, los novios demoran porque se están tomando fotos y están todos los invitados esperando en el lugar elegido para la fiesta sin saber qué hacer si no hay quién les indique.

El servicio gastronómico se maneja con tiempos muy ajustados.

Si se ha pactado bailar entre plato y plato es lógico que se demore en servir la comida, pero en otras ocasiones no hay motivos justificados y se demora hasta media hora o más para pasar de un plato al otro. Y no siempre estamos sentados con gente que podrá resultarnos interesante o que se dé una corriente de simpatía. Por lo tanto no conversan con nosotros y ni que decir si llegamos a ir solos, como sucede en muchas ocasiones y nadie nos dirige la palabra.

Otro aspecto que no se considera, a veces en forma expresa, es pensar en qué momento se sirve la torta de bodas (si es que se lo hace) o si es mero adorno o la excusa para que dure un poco más de lo que se supone.

En la Argentina, por lo menos, se considera exitosa una fiesta por la cantidad de horas que dura y no por la calidad, aunque pueden darse las dos conjunciones.

Si bien he estado en bodas de 2 ó 3 días (como se organiza en algunos países) todo está programado y cada día tiene su por qué.

El día previo porque se hace la fiesta de despedida, si es a la noche, el almuerzo sirve para conocerse entre los invitados o ir a buscar al aeropuerto, estación de tren o cruce de ruta a los que vienen de otros lugares, y el día posterior a la fiesta para la despedida de los que regresan. Se suelen organizar paseos, salidas especiales, o juegos para los momentos intermedios de las reuniones.

Pero lo principal es que el ritual de la ceremonia, fiesta, corte de torta, no dura más de 3 ó 4 horas, por lo que si alguien debe retirarse, no se sentirá mal porque los anfitriones pueden pensar que no respetó las pautas del protocolo al no acompañar a los novios durante toda la ceremonia.

En la Argentina, cuántas veces los novios cortan la torta solo para sacarse la foto a las 4 ó 5 de la mañana y no se la ofrece, no se sirve. Algunas veces los más allegados son los afortunados que llegan a disfrutarla o… los más noctámbulos.

Si se prepara una mesa dulce todos disfrutan, pero la torta principal parece de utilería ya que queda "de adorno".

Si hay muchos niños entre los familiares y amigos debe pensarse en acondicionar una habitación especial para ellos y con una maestra jardinera se solucionarán muchos problemas, de esta forma, adultos y menores podrán disfrutar tranquilos de la fiesta.

Últimamente es común que el juez de paz o el funcionario designado para hace cumplir las leyes, vaya a la fiesta o a la ceremonia religiosa y case a los novios directamente durante el transcurso de la misma. En otros casos, por diferentes circunstancias no se lleva a cabo la ceremonia religiosa por lo que se realiza simbólicamente esa unión en presencia de familiares y amigos y alguno de ellos dirá unas palabras y dará el marco protocolar al momento del intercambio de anillos (experiencia que me ha tocado vivir, dirigir la ceremonia y oficiar de juez o autoridad eclesiástica, obviamente sin tomarme las atribuciones inherentes a ellos).

Quisiera hacer una síntesis y no por ser reiterativa sino para que se fijen conceptos desde otro ángulo, y temas que he tratado de otra forma.

De acuerdo al deseo y gusto de los novios, para enriquecer la fiesta y hacerla inolvidable, toda idea creativa es válida, la ambientación, la gastronomía, la diversión, el entretenimiento, etc.

Sabemos que es costumbre proyectar la historia de los novios en una pantalla gigante mediante un video que también se puede obsequiar luego en un DVD, en este caso es muy lindo cuando se graba en el momento y con la tecnología actual, se edita en el transcurso de la fiesta y los invitados se llevan una copia como souvenir.

Otro recurso es obsequiar las fotos tomadas durante el transcurso de la fiesta y entregarlas en ese mismo momento (hay empresas que alquilan una impresora especial para este tipo de trabajos) o hacer un diario impreso de la misma boda.

Será importante combinar con el fotógrafo la cantidad de tomas, los lugares ideales y la presencia de la familia (o parte de la familia) y amigos. Lo mismo se pautará con la persona que realice el video, muchas veces éstas actividades coinciden en la misma empresa, pero otras veces no, por lo que se deberán contactar entre ellos a fin de no entorpecer uno la labor del otro.

Sugiero organizar todo con tiempo, verificando cada detalle haciendo un cronograma y un listado de todos los ítems ya sea porque lo chequeamos con el organizador de bodas o *wedding planner* o porque lo hacemos nosotros solos. Esta metodología esquemática será lo que nos lleve al éxito de la fiesta, que es lo que deseamos.

¿Y si hacemos un poco de historia?

Empédocles (n. 495-490 a.C. / + 435-430 a.C.), fue el primer filósofo que utilizó la idea del amor en sentido cósmico-metafísico, al considerar al "amor" y a la "lucha" como principio de unión y separación respectivamente de los elementos que constituyen el universo.

Pero la noción de Amor adquirió una significación a la vez central y compleja recién con Platón (n. 427-428 a.C. / + 347 a.C.).

Muchas son sus referencias al amor, las descripciones y sus clasificaciones.

Puede haber tres clases de amor: el del cuerpo, el del alma, y una mezcla de ambos.

Y podemos hablar del amor platónico.

Es mi deseo ser útil con los consejos que aquí les damos.

Cordialmente.

Rosario Jijena Sánchez

Capítulo 1

Cómo organizar una boda

Preguntas iniciales para decidir cómo será la boda

Para planear muy bien ese día tan esperado y para solucionar algunos de los obstáculos que se pueden presentar en el transcurso de esta preparación, lo mejor es responder a una serie de preguntas que servirán de guía sobre las cosas más importantes que les ayudarán a que sea todo más fácil.

1. ¿Cómo quieren la boda: tradicional o diferente?
2. ¿Dónde se casarán? ¿donde viven o en otra ciudad?
3. ¿De cuánto dinero disponen? ¿Cuál es el presupuesto estimado?
4. ¿Habrá ceremonia civil, religiosa y recepción?
5. ¿Si son las tres, todas el mismo día? Si no, ¿cuándo sería ideal realizar cada una?
6. ¿Su boda ideal es de día o de noche?
7. ¿El tipo de boda que prefieren es de etiqueta, formal, informal o semiformal?
8. ¿En qué fecha se quieren casar?
9. ¿Cuál es el estilo que más les gusta?
10. ¿Tienen un color preferido para la boda? ¿Ese color es acorde a lo deseado?
11. ¿La ceremonia religiosa se efectúa en un templo, iglesia ó sinagoga, (etc.)? ¿Se realizará allí mismo la recepción?

12. ¿Quién les gustaría que oficiara el enlace?
13. ¿Qué música prefieren para la ceremonia religiosa?
14. Si la recepción es en un salón ¿Será en un hotel céntrico, en las afueras de la ciudad, con características particulares?
15. Si se opta por hacerlo al aire libre ¿En un jardín, una estancia, en la playa, una quinta, un campo?
16. ¿Cuántos invitados habrá?
17. ¿Una boda de muchos días, de cuántas horas?
18. ¿Banquete o cocktail?
19. Si es banquete. ¿De cuántos tiempos? ¿El plato principal qué será; carne, pollo, pescado?
20. Si es cocktail ¿Buffet froid o comida caliente? ¿o ambos?
21. ¿Qué tipo de bebidas incluirán en la recepción? ¿Barra o servicio en la mesa?
22. ¿La música en vivo o DJ?
23. ¿Qué tipo de música en la cena y cuál en la fiesta?
24. ¿Qué clase de flores en el salón y en la iglesia?
25. ¿Alguna decoración o ambientación especial que se desee lograr? ¿Habrá mesas para souvenirs y torta de bodas?
26. ¿Los novios comparten la mesa con la familia cercana o están con amigos?
27. ¿Show? ¿A qué hora? ¿En la cena, para cerrar o en otro momento?
28. ¿Qué ofrecer en la celebración y días siguientes a la misma (en el caso que sea más de uno)?
29. ¿Qué ofrecer en el "carnaval carioca"? ¿Qué tipo de cotillón?

Con esta mini-guía de preguntas podrán proyectar la boda ideal, lo soñado para la celebración y lo necesario en tiempo y costo para la misma. A éstas consignas deberás agregar las tuyas personales o las de ambos novios. ¡Ánimo!, los detalles surgen, pero todo se resuelve.

Selecciona el tipo de boda

Aquí hay una serie de detalles que involucran los diferentes tipos de boda que existen. ¿Formal, informal? Decídanse con tiempo.

Cuando se piensa en una boda se cree que es algo MUY formal y no necesariamente debe serlo. Aquí hay una serie de detalles que involucran los tipos de boda.

a) Muy Formal

- Se realiza por lo general durante la noche.
- El cortejo en el templo es largo.
- El enlace matrimonial se realiza en un templo y después se hace la recepción en un hotel o salón de fiestas.
- El banquete es más elaborado, incluyendo la presentación de los platos que suelen ser del tipo gourmet y de hasta 6 servicios con bebidas acordes.
- La cena se puede acompañar con música clásica interpretada por alguna orquesta de cámara.
- El lugar tiene una decoración elegante y con estilo.
- La ropa de los invitados es de rigurosa etiqueta.

b) Formal

- No necesariamente tiene que ser costosa.
- Puede ser de día o de noche.
- El enlace matrimonial se realiza en un templo y la recepción puede ser en un hotel, salón, jardín o en una quinta.
- El banquete no pasa de los 4 tiempos y se incluye un solo tipo de vino.
- La decoración puede ser menos sofisticada.
- La música de la cena es del tipo *Ambient, New Age* o Clásica.
- La ropa de los invitados es formal.

c) Semiformal

- Puede ser de día o de noche.
- Se efectúa en un jardín o en una casa.
- El banquete es de 3 servicios (incluyendo el postre), y un solo tipo de vino.
- La decoración es con flores naturales, con centros de mesas frescos y simples.
- La música puede ser con grupo en vivo o bien un DJ.
- La ropa de los invitados puede ser de cocktail.

d) Informal

- El estilo es completamente relajado y con mucha frescura.
- El servicio gastronómico es un buffet sencillo.
- La música con DJ.
- Puede ser en casa de uno de los novios.
- La decoración puede ser acorde al estilo.
- La ropa de los invitados es informal.

Eligiendo la iglesia

Este punto es muy importante y no debe de tomarse a la ligera ya que ahí se llevará a cabo la ceremonia ante Dios y ante los hombres; por lo tanto para seleccionarla deben de considerar:

a) Si alguno de los dos tiene algún lazo sentimental con alguna iglesia o templo en particular.

b) El tiempo. Las reservas de las iglesias requieren cierta antelación.

c) El tipo de boda que tendrán.

d) Si hay disponibilidad a la hora que quieren casarse.

e) Las reglas de cada templo en cuanto a decoración y música.

f) La cercanía de las casas de ambos o del salón donde será
   la recepción

Lo más importante al seleccionar el templo es que allí recibirán el sacramento del matrimonio.

Organizar una boda en poco tiempo

Organizar una boda en menos de 6 meses puede hacer que las parejas se "estresen" o lo sientan como un objetivo imposible, considerando que, por lo general, los preparativos se inician con 1 año o 2 de anticipación. Pero nada es imposible.

Lo importante es dedicarle más tiempo y sobre todo contar con apoyo. Lo ideal para estos casos es contratar un organizador de bodas (*Wedding Planner*) pero si no es posible, consiga la ayuda de familiares y/o amigos para tareas específicas.

Es fundamental NO aferrarse a ninguna idea fija. Cuando se cuenta con poco tiempo es posible que determinada iglesia, el lugar de recepción o el grupo musical que siempre soñaron no esté disponible. Pero lo principal es que la boda sea espléndida, aún con algún cambio de planes.

Es recomendable que, a la hora de reservar el día en la iglesia, cuenten con todos los papeles y se cumplan los requisitos necesarios para agilizar los trámites.

Además, desde el inicio debe considerarse el registro civil (juzgado) o un juez para la ocasión.

Igualmente, si quieren que una persona en especial oficie el enlace, deberán, desde un principio, hablar con él/ella para que agende la fecha.

Otra cosa que se debe tener es la lista de las canciones que se desean como música de fondo, tanto para la entrada de los novios como para bailar.

Deberán reservar con tiempo la sede para la recepción y tener alternativas en caso de algún problema con las fechas. Lo mismo sucede con el servicio gastronómico y la elección del menú, para que tampoco pierdan tiempo en este detalle.

Otro aspecto a considerar son las flores. Se puede combinar con las otras parejas que utilicen el templo ese mismo día para que entre todas compren los mismos arreglos. En cuanto a las de la recepción; muchos lugares ya las incluyen. Así también tendrán un aspecto menos del cual preocuparse. Y por supuesto, las invitaciones también son muy importantes. Deberán mandar a hacerlas en un lugar donde las puedan tener al menos 2 meses antes de la boda para poder hacer cambios y correcciones. En el caso de que el tiempo no lo permita, quedan muy lindas hechas a mano por ustedes mismos.

En relación a la vestimenta, alquilar siempre es una buena opción para el novio. Y para la novia, encargarlo a un diseñador. Hay pocas casas que tienen vestidos ya confeccionados, al menos en Argentina.

Como dijimos antes, apóyense en amigos y familiares. Una boda es sinónimo de stress y es común que surjan los desencuentros o discusiones. Y más aún si hay poco tiempo. Hay que disfrutar, eso es lo verdaderamente importante, y la paciencia evita situaciones desagradables.

Check list de la boda

Así como anotan los compromisos y fechas representativas en la agenda personal, deben hacer lo propio para la boda. Les ayudará para saber exactamente qué paso sigue y cuánto cuesta cada etapa del camino.

1 Año antes

- Lo primero que deben hacer es comprar dos agendas: una para ella y otra para él. De esta manera, ambos estarán enterados de cada paso rumbo al altar.
- Cada uno, por separado, analice su presupuesto y después lo cotejan, para saber qué tipo de boda quieren y pueden realizar.
- Decidir la fecha de la boda; de preferencia tengan dos o tres opciones. Buscar la iglesia o el templo donde deseen casarse y el sitio donde se realizará la recepción (salón de fiestas, hotel, jardín o playa).
- Si hay invitados que viven lejos, en otra ciudad o país, informarles con antelación para que puedan organizarse con tiempo.

De 9 a 6 meses antes

- Se estila que el novio entregue el anillo de compromiso en ese tiempo.
- Se planea la "pedida de mano" al padre de la novia (en algunos lugares ya no se usa y depende de la edad de los novios).
- Hacer la lista de los invitados.
- Elegir el vestido de la novia y definir el diseñador o modista que lo confeccionará.

6 Meses antes

- Seleccionar a los padrinos, niñitos para el cortejo y damas de honor.
- La novia debe ponerse de acuerdo con las damas en el modelo y color del vestido.
- Contratar el servicio gastronómico.
- Contratar la música para la ceremonia religiosa.

- Ir al registro civil para reservar la fecha y organizar los papeles necesarios.
- Confirmar la fecha elegida en el registro civil como se les indique.
- Encargar las invitaciones.
- Visitar las agencias de viajes para comenzar a organizar la luna de miel.
- Si el viaje será al extranjero, comenzar los trámites de visas y pasaportes.

3 Meses antes
- Hacer el listado con los nombres y la dirección de los invitados.
- Contratar el estudio fotográfico y de video.
- Encargar el transporte para la novia.
- Establecer las fechas y horarios para las charlas prematrimoniales, si son necesarias.
- Contratar el servicio de las florerías para la recepción y la iglesia.
- El novio debe definir la vestimenta para el día de la boda.
- Elegir la o las casas donde se hará la lista de regalos.
- Designar los testigos de la boda civil.
- Comprar todos los accesorios del ajuar de la novia.

2 Meses antes
- Escribir los sobres.
- Repartir las invitaciones o contratar el servicio de mensajería.
- Ordenar la torta de bodas junto con el servicio gastronómico, a veces se realiza en lugares diferentes.
- Prepararse para las despedidas de soltero/a.

1 Mes antes
- Concertar una cita con el maquillador y peinador.

- Probar la ropa, maquillaje y peinado.
- Degustar el menú para terminar de definirlo.

2 Semanas antes

- Realizar los últimos trámites para la luna de miel, como reservaciones, cambio de la moneda del país a donde viajan.
- Comprar mercadería y elementos para su casa así tienen todo listo en su nuevo hogar.
- Verificar la hora y el lugar con la persona que los transportará a la ceremonia.
- Seleccionar la ropa para la luna de miel.
- Ultimas pruebas de la ropa para la boda (vestido y traje de etiqueta).
- Preparar la ropa para el viaje.
- Pónganse de acuerdo en quién los llevará al aeropuerto y quién les tendrá listas las valijas.
- Probar y revisar el menú para el banquete.
- Realizarse los análisis prenupciales.
- Realizar el ensayo de entrada con los integrantes del cortejo en el lugar de la ceremonia.
- Preparar el video que se proyectará en la fiesta.

Una semana antes de la boda

- Dar la lista de la cantidad de invitados confirmados al encargado de banquetes.
- Chequear los detalles finales: fotógrafo, decorador, ambientador, orquesta, música, y show seleccionados.
- Arreglar los trámites para la mudanza de sus pertenencias al nuevo hogar.
- Armar las valijas para la luna de miel y reconfirmar los pasajes y hoteles contratados.
- Preparar los documentos personales.

El día de la boda

- Desayunar bien.
- Combinar con el peinador y maquilladora el horario.
- Tomar las fotografías de los novios en el estudio, en parques o en la casa.
- Tomarse un tiempo para relajarse.

Capítulo 2

Costumbres de otros países
y religiones

Veamos como son las costumbres de otros países y religiones. Algunas ya las hemos incorporado y otras nos llamarán la atención.

India, la gran boda concertada

NUEVA DELHI (DPA).– El dinero pos liberalización y los encuentros online están proporcionando a las parejas de las grandes ciudades buenas oportunidades para concertar, ayudar o guiar su matrimonio, aunque algunos padres se quejan de la occidentalización y de la independencia emocional de la juventud en India.

"En esta época, los jóvenes son imparables", dice Renu Puri, una madre de Bombay con dos hijos casados. "Y cuando se trata de asentarse, están completamente seguros de la pareja que quieren tener. Hoy, se enamoran, nos informan sus intenciones, y los padres corren de acá para allá para reunir a ambas familias y concertar la boda", agrega Puri.

En India, todos los caminos conducen al matrimonio. La crianza, la educación, la carrera, la temprana fundación de una familia, asentarse, casarse: todo apunta hacia una boda, casi siempre concertada.

"En las grandes ciudades, hombres y mujeres ganan bastante bien, tienen citas frecuentes y están mejor informados. Están cambiando las fórmulas. Los jóvenes tienen más libertad para elegir", dice Vijiya Ramaswamy, de 48 años, profesor universitario de sociología. "Suben su perfil a los sitios matrimoniales de Internet, chatean e incluso publican anuncios en los periódicos. A muchos no les interesan las intrincadas diferencias de la casta, el lugar de residencia, los antecedentes familiares o la comparación de horóscopos. Ya no quieren depender de su familia para encontrar a la pareja adecuada", agrega Ramaswamy.

"Encontré a mi compañera para toda la vida navegando en los sitios matrimoniales de Internet. Conocí a varias mujeres y cuando encontré a la correcta, mantuvimos un noviazgo de seis meses", dice Pawan Singal, cuya madre se casó por voluntad y concertación de su propio padre. Este recurrió al barbero y tendero local (una costumbre muy antigua y en la década del 60 aún muy arraigada) para que le buscara la pareja correcta.

Los sitios matrimoniales online son una réplica de las costumbres indias. Los familiares y amigos de los que quieren casarse, e incluso colegas del trabajo, hacen perfiles y buscan estableciendo parámetros que van desde los hábitos alimentarios hasta la posesión de tarjetas verdes, o green cards (para conseguir ciudadanía estadounidense).

Los dos sitios matrimoniales más importantes, Bharatmatrimony.com y Shaadi.com, que sin duda no le sacan los ojos de encima al pastel matrimonial de cada año, tienen entre ambos 12 millones y medio de miembros que pagan suscripción, y muchos más suscriptores gratuitos.

"En un matrimonio concertado, los cónyuges son elegidos por otros basándose en otras consideraciones además de la atracción mutua preexistente entre la pareja", dice Venkat Gopinath, un abogado defensor que ayuda a la gente en casos matrimoniales y de divorcio. "Hoy las personas ganan más, viajan al exterior y no temen enojar a su familia si buscan pareja por su propia cuenta. De manera que han aparecido otros elementos, como la compatibilidad de sensibilidades, la ocupación y la atracción sexual. Ya no importa tanto la familia, sino el individuo", añade Gopinath.

A medida que la sociedad india ha ido dejando de ser feudal-socialista para volverse más capitalista, las familias unidas, que antes eran la regla, se están dividiendo en familias nucleares y afectan a las bodas concertadas.

"Concertados o por amor, en las ciudades los matrimonios ya no son acontecimientos tranquilos. La economía de mercado prima. Hay un despliegue casi isabelino de riqueza y poder. Los ingresos dobles, la presión laboral y la decisión de vivir en una familia ampliada o nuclear está cambiando la dinámica de elección de la pareja", dice Ramaswamy.

Algunos padres están preocupados porque las costumbres asociadas con los matrimonios concertados se están derrumbando.

"Las cosas han variado mucho en los últimos 10 años. Las mujeres ganan mucho más y son más independientes en el plano emocional. Se están occidentalizando y olvidan nuestra cultura", sostiene Kapil Berry, padre de dos hijas, ambas solteras y dedicadas a carreras de alto nivel. "La ceremonia tradicional del matrimonio hindú incluye entonar himnos sánscritos ante el fuego durante 3 ó 4 horas; el novio y la novia no pueden encontrarse desde unos días antes de la boda, y está prohibido casarse fuera de la propia casta. La gente ya no respeta esas condiciones. Y eso afecta al matrimonio", dice Berry.

Y Krishan Kaura, que es abuelo, considera que la creciente tendencia a vivir juntos, que una de sus hijas practica, es incomprensible y una decadencia de la cultura india.

"Sin duda, hay grandes peligros en vivir juntos. Pero yo soy financieramente independiente y quiero asegurarme de que conozco bien a mi pareja, ya sea en cuanto a sus intereses o a nuestra compatibilidad sexual, antes de tirarme a la pileta. Un período de noviazgo antes de una boda concertada no alcanza", afirma Garima, hija de Kaura.

Por Rohit Karir.
Extracto de la nota. Agencia DPA

Las grandes ceremonias en la moderna Ucrania

Kiev (DPA).– El cielo es el límite en la moderna Ucrania, un país que siempre se enorgulleció de las celebraciones matrimoniales tradicionales, que reunían durante días a los habitantes de las aldeas, y donde ahora está a la orden del día celebrar una boda excesiva y destinada a impresionar, que no resulta para nada barata. En esta temporada, en Ucrania, hace furor un vestido de novia sin breteles de color beige (se vende como "champagne"), con falda amplia y profusamente bordado con gemas. Recientemente, un sábado a la tarde, en Laura Salón, una tienda de mediano nivel de Kiev, cuatro futuras novias que buscaban un traje de novia único y perfecto pidieron ese mismo vestido, y a ninguna de ellas se le movió un pelo cuando vieron el precio, equivalente a tres meses de ingresos brutos de una familia ucraniana de clase media.

Un vestido de novia importado de Italia, de buen nivel –casi siempre de la temporada anterior – puede costar en Ucrania lo mismo que un automóvil Sedan europeo.

Las glamorosas tiendas de Kiev ofrecen ahora, a pedido y en colores a elección, almohadones acolchados para apoyar los anillos, ligas a medida para el muslo de la novia, bolsos para complementar su exquisito vestido, manteles y servilletas para el banquete.

Incluso hay sábanas con monograma y togas de seda para dormir (transparentes para ellas, viriles para ellos) para la noche de boda.

Además de las viejas y aburridas invitaciones y tarjetas de participación, la incipiente industria publicitaria ucraniana vende álbumes de boda impresionantes: libros de tapa dura adecuados para cualquier mesa de living y repletos de lustrosas fotografías, historias de vida, los árboles genealógicos de los recién casados rastreados por un especialista. Eso sí, al abusivo precio de... 2 mil dólares.

Por un mínimo de 15.000 dólares, la empresa de producción cinematográfica Sviadbakino, de Odessa, rodará un largometraje de la boda, con luz, cámara, acción, argumento, música, un director y edición profesional.

Como en siglos anteriores, una adecuada fiesta de bodas ucraniana sólo se considera un éxito si duraba más de un día y todos los asistentes eran colmados a reventar, repetidamente, de comida y bebida.

Pero ahora también se agrega un intenso esfuerzo destinado a entretener a los invitados con disc-jockeys, grupos pop, bailarinas que hacen la danza del vientre, cómicos, fuegos artificiales y bailarines de salón, sin olvidar a los astrólogos contratados; todo ello, con el propósito de combatir el aburrimiento entre plato y plato.

El intercambio de votos matrimoniales ya no se realiza siempre en el registro civil de la ciudad, ante un burócrata ceñudo. En estos días, los ucranianos declaran su amor eterno en ámbitos nuevos y especiales: buceando en el mar Negro, cerca de los restos de un naufragio de la Segunda Guerra Mundial, en la cumbre de una montaña en los Cárpatos, durante el entretiempo de un partido de fútbol, en un vapor fluvial o incluso en una isla deshabitada del río Dnieper... Todo ello posible si se le pagan honorarios a una de las miles de empresas que ofrecen servicios matrimoniales en el país.

Pese a todo, los registros civiles están haciendo excelentes negocios, y durante el verano los más populares deben reservarse con un mes de antelación. Cumpliendo las reglas consagradas de la burocracia ucraniana, la mejor manera de evitar una espera de 2 horas es que alguien (usualmente, el desafortunado padre de la novia) soborne al personal de la dependencia para que los case a tiempo.

Una clara innovación postsoviética es la bendición de la pareja, algo que en la Ucrania mayoritariamente cristiana está a cargo de un sacerdote ortodoxo. También en este rubro el mercado ofrece opciones. Una bendición en una recepción hogareña puede conseguirse, a veces, a cambio tan sólo de invitar al sacerdote al banquete.

Por otra parte, un servicio religioso completo en una iglesia del siglo XII, considerada uno de los sitios más sagrados del cristianismo ortodoxo, sólo se logra después de una donación de varios miles de dólares.

Una parte esencial de cualquier boda ucraniana de alto nivel es, en estos días, la comitiva de autos que llevan a todos los invitados a los lugares más bellos de la ciudad, donde la pareja posa, un fotógrafo profesional plasma su imagen para la posteridad y los asistentes beben.

La industria de alquiler de automóviles ucraniana ofrece una extraordinaria variedad de transportes para la expedición que incluye, además de limusinas y autobuses, carruajes de cuatro caballos, "rickshaws", carros, helicópteros, vehículos militares, Mercedes con vidrios polarizados y hasta un Cadillac convertible de color rosa o blanco.

Otra opción es un tren de seis vagones (un vagón restaurante, 2 de descanso, otro para la capilla, otro para bailar, otro para el personal y una locomotora), en el que una pareja con unos 100 amigos puede celebrar la ceremonia, bendecirla y luego bailar durante varios días y noches en un viaje que termina en Escandinavia, y todo eso por "apenas" unos 10.000 dólares diarios.

Natalia y Evhen Simenov, que se casaron en abril, dieron a su boda un carácter exclusivo al transportar a sus invitados en 52 coches Chevrolet Aveo, estableciendo así (según la revista Vasha Sviadba) el récord mundial del cortejo nupcial más largo que empleó como medio de transporte una única marca de autos.

"¡Fue tan impresionante que nos dejó sin aliento! –explicó la flamante señora Simenov–. Por una hora fuimos estrellas de cine."

Por Stefan Korshak.
Extracto de la nota. Agencia DPA

Matrimonio (y divorcio) a la holandesa

AMSTERDAM (DPA).– Nadie asistió a la boda de Janneke van den Berg, de 31 años, con Bart Loman, de 32. Firmaron el certificado de matrimonio en un mostrador de la municipalidad de Utrecht con dos empleados de la ciudad como testigos.

Detrás de ellos había una fila de personas que iban a pedir el pasaporte o a renovar la licencia de conductor. Costo de la boda: 100 euros.

Por su parte, Loes Hal, de 26 años, y Maarten Rijnsma, de 33, sí tuvieron invitados: 67 para ser precisos. Maarten Rijnsma estaba de smoking, con una rosa blanca en el ojal.

Hal vestía un clásico traje de novia blanco y sostenía en sus manos un bello ramo de rosas blancas. Todos los invitados lucían también ropas festivas..., a las 9 de la mañana de un lunes en el ayuntamiento de Ámsterdam. Costo de la boda: ninguno.

Miranda Baan y Jaap Duiveman, ambos de 56 años, se divorciaron en semanas hace 2 años. A su pedido, un notario convirtió su matrimonio de 30 años en una "sociedad registrada", permitiéndoles así rescindir el contrato legal sin recurrir a los tribunales. Costo: poco menos de 500 euros.

Los holandeses suelen quejarse de la burocracia de su país, pero cuando se trata del matrimonio o del divorcio, la realidad holandesa es simple si se la compara con la de los demás países. A los holandeses les gusta que los asuntos legales sean ágiles, sin obstáculos ni demoras.

En la sociedad individualizada de Holanda, un contrato legal como el del matrimonio puede realizarse según el gusto de cada uno.

Esa es una de las razones por la que los holandeses fueron los primeros en legalizar el matrimonio gay (en 2001). También explica por qué en Holanda uno puede casarse prácticamente en todas partes y en cualquier momento, y sólo el gusto personal y el presupuesto financiero condicionan el deseo de cada pareja.

En promedio, una ceremonia civil diurna cuesta pocos cientos de euros.

Fuera del horario de atención, y en locaciones exclusivas, puede costar más. Por ejemplo, una boda celebrada un sábado por la tarde en el Krasnapolsky Hotel, un cinco estrellas de Ámsterdam, cuesta alrededor de 2.000 euros.

Pero los casamientos realizados temprano a la mañana, en alguna dependencia municipal, tienden a ser de bajo costo o gratuitos.

"No queríamos malgastar dinero en la ceremonia", dicen Van den Berg y Loman, quienes firmaron su certificado en el mostrador de la municipalidad.

"Teníamos otros planes para celebrar nuestro casamiento —continúa Van den Berg—. Perdí a mi hermana en un accidente de tránsito el año pasado y queríamos aprovechar la oportunidad de nuestra boda para recordarla. Ella nos presentó. Así que haremos la fiesta en el sur de Francia, el lugar que mi hermana amaba, y que a nosotros nos encanta. Alquilamos una gran villa por una semana, para toda la familia."

Hal y Rijnsma, que se casaron gratis un lunes por la mañana, dicen que les hubiera encantado tener una gran boda, pero "simplemente no teníamos dinero. Loes quedó embarazada y decidimos casarnos. Hace unos años que estamos juntos, pero hasta ahora nunca habíamos planeado tener una familia. Nuestra situación financiera no es floreciente en este momento —dice Rijnsma—. Sin embargo, una vez que decidimos casarnos, es mejor hacer algo para destacar la ocasión. Esto fue ideal para nosotros. Alquilamos los trajes para las fotos, nos casamos gratis un día lunes."

Las municipalidades holandesas no saben exactamente cuántas personas se casan gratis o con un costo bajo.

"No llevamos estadísticas —comenta un vocero del ayuntamiento de Ámsterdam. Pero, por lo que sé, esas bodas se realizan regularmente."

Hablando de su divorcio, Baan y Duiveman dicen que querían "separarse amistosamente, pero rápido. Un divorcio relámpago era la manera más barata de lograrlo. Nuestro matrimonio se fue transformado en una sociedad, que luego disolvimos", explica Baan.

Dos años después del divorcio, Baan está feliz de que no hayan gastado ni dinero ni tiempo en el trámite. Pero admite que, sin darse cuenta, renunció a muchos derechos financieros.

"En un divorcio relámpago, uno básicamente redacta su acuerdo de separación, pero sin participación de abogados y de la corte, y temas como los derechos de pensión no se establecen de manera adecuada –explica la mujer. Retrospectivamente, advierto que dividimos los bienes de manera igualitaria, pero no hicimos ningún acuerdo para dividir la pensión de Jaap. Según la ley holandesa de divorcio, me habría correspondido la mitad."

La falta de protección del cónyuge más débil –con frecuencia la mujer– y el no reconocimiento internacional del "divorcio relámpago" holandés, impulsaron al Parlamento holandés, el 7 de junio pasado, a abolir ese procedimiento.

Se está elaborando ahora una nueva ley de divorcio que contempla todos estos problemas. Según la nueva norma, sólo las parejas sin hijos podrán optar por ese sistema rápido sin tener que utilizar los recursos judiciales.

Las parejas con hijos que quieran divorciarse estarán obligadas a presentarse ante la corte con un "plan parental", especificando exactamente la responsabilidad de cada padre después del divorcio. Los expertos judiciales están trabajando en los detalles de esta nueva ley.

Por Rachel Levy

Traducción: Mirta Rosenberg
Revista La Nación, 23-09-07

Casamientos tradicionales

Las ceremonias de casamiento tienen sus propios requisitos y tradiciones culturales. Muchos van variando y adaptándose a los cambios de la sociedad, como por ejemplo la aceptación de las ceremonias religiosas mixtas. En éstas las autoridades que ofician la boda y los novios acuerdan qué rituales se omitirán y cuáles no.

A continuación describiremos brevemente algunas tradiciones culturales que se llevan a cabo en los casamientos.

Casamiento armenio

Los novios tendrán que anotarse en la iglesia para la boda. No pueden realizarse ceremonias religiosas fuera de la iglesia.

Para el casamiento los novios y los padrinos deben haber sido bautizados en la iglesia Católica u Ortodoxa.

Se debe tener una entrevista previa con el Vardapey o Archimandrita encargado del casamiento.

La ceremonia no puede realizarse en los primeros días de Carnaval hasta el último domingo de Pascua.

Salvo expreso pedido de los novios, la ceremonia se celebrará en idioma armenio.

Dentro de la simbología tradicional, el hombre simboliza a Cristo y la mujer a la Iglesia.

Casamiento gitano

La boda, es una de las grandes fiestas que celebra la comunidad gitana. Los novios se casan por el rito evangelista o católico por la mañana. Según la tradición gitana, los novios tienen que llegar vírgenes al matrimonio (aunque dicen que el hombre tiene la libertad de ser virgen o no, según su propia elección personal). La pureza, es algo que los gitanos valoran de una forma exquisita. Si la niña no es virgen, no se puede casar. A no ser que encuentre un hombre que no esté casado y que desee juntarse con ella, así es lo establecido por la tradición gitana.

Una figura muy importante, es la "juntaora", de gran tradición familiar, es la encargada de comprobar el día de la boda si la desposada es virgen mediante la prueba del pañuelo. La misma consiste en llevar a la novia a una habitación, si el pañuelo es manchado con tres rosas de sangre es virgen y se puede casar. Y de lo contrario, no puede hacerlo. Actúan de testigos otras mujeres que son invitadas a la boda. Se utiliza un pañuelo precioso, de medio metro de largo, blanco con rosas y una tira bordada.

Una vez casados, el hombre debe ser totalmente fiel a su mujer. En la cultura gitana tradicional la pureza de una novia es un valor tan codiciado como la vida misma. Cuando se exhibe el pañuelo manchado de sangre demostrando la legitimidad del matrimonio, es el momento de la "alboreá", un canto tan místico como la costumbre que la acompaña.

El casamiento lo oficia un representante de la comunidad que posee gran sabiduría y respeto, generalmente el patriarca. En este acto los novios se comprometen mutuamente en la Salud y en la Libertad.

Casamiento musulmán (nikah)

La validez del matrimonio para la ley musulmana no depende de ninguna ceremonia religiosa ya que se considera un contrato civil que para ser legal debe reunir dos condiciones:

- El consentimiento de las partes —el cual es llamado *ijab u qabul*– (declaración y aceptación).

- La presencia de testigos.

La pareja se presenta ante el Sheik con tres testigos para realizar el contrato, y luego de esto según la ley islámica, los novios ya están unidos espiritual y legalmente.

Una o dos semanas después se realiza la ceremonia religiosa, que no tiene una forma definida porque no es una condición legal.

Los hombres pueden casarse con judías o cristianas, ya que son pueblos con un libro revelado, pero las mujeres deben casarse con un musulmán, ya que los hijos adquieren la religión del padre al nacer y si no se quebraría la tradición.

Si bien al hombre se le permite casarse con hasta cuatro mujeres, la práctica más común de nuestros días es que se case con una. Otra de las costumbres que ha cambiado es la negociación del matrimonio que antes estaba a cargo del novio con algún pariente varón de la novia, y hoy es un tema que puede resolver la pareja en privado.

Un rito vigente es el de la dote que debe ser lo suficientemente abundante para garantizar la estabilidad económica de la pareja.

Otra tradición que cumplen las novias es la que realizan días antes de la boda, en una reunión de mujeres donde participan la madre, las tías, primas y demás familiares (de sexo femenino) de la novia, le tiznan las manos con henna hasta la primera articulación a la protagonista de la ceremonia, formando arabescos y variados gráficos. También la novia deberá purificarse previo a la boda untándose en el cuerpo una pasta de cúrcuma, que es un bactericida natural.

Casamiento budista

El Budismo no cuenta con ningún rito religioso para la celebración del matrimonio, por ello se toman diferentes tradiciones que si bien provienen de diferentes orígenes, tienen una relación con la filosofía de vida encaminada al plano espiritual y cultural del Budismo.

Uno de los ritos más utilizados en el casamiento es la predicción astrológica. Tras una salmodia de los novios, los monjes realizan e interpretan las cartas astrales de los futuros esposos. Luego se colocan juntos en la postura *WAI* para recibir la bendición del monje.

La pareja ofrenda comida a Buda y a los monjes. Como agradecimiento, quien dirige la ceremonia unge a los novios con polen y agua sagrada.

No se trata de una unión sino de una bendición para la pareja.

Casamiento protestante

Dentro de las iglesias protestantes, existen muchas divisiones en función de creencias específicas que las caracterizan, además de las razones geográficas, sociales, políticas, etc., y si bien cada una tiene su particularidad en el festejo de la boda, haremos una referencia al rito general de matrimonio.

Tiene varias similitudes con la ceremonia católica, sin embargo para los protestantes el matrimonio no es un sacramento. Se trata de un compromiso con Dios y con la comunidad, ya que la familia es considerada la única institución social que resulta indispensable para la formación del individuo en todo sentido. El matrimonio es visto como el espacio en el que pueden hacerse realidad los más grandes anhelos y sueños del hombre y por otra parte, al casarse están preparados para unirse y traer hijos al mundo.

Es oficiada por un pastor que da la bendición al matrimonio y es el encargado de reunirse con la pareja previamente para la presentación del acta civil, que es un requisito indispensable para la realización del matrimonio religioso. Por lo general, los novios deberán hacer un curso de preparación para el casamiento.

La novia viste de blanco en señal de pureza y la pareja realizará un intercambio de anillos como un símbolo de unión.

Casamientos católicos

Desde el punto de vista teológico, el matrimonio es visto como un sacramento que los esposos se administran mutuamente. El sacerdote celebra la boda como testigo.

El matrimonio es efectuado generalmente por el párroco que oficia en la parroquia elegida, pero también cualquier otro sacerdote puede hacerlo, previa autorización del párroco correspondiente.

Para poder casarse "por iglesia" ambos novios deben haber recibido los sacramentos de iniciación y ser solteros para la iglesia, es decir si han tenido matrimonios religiosos anteriores no podrán casarse por iglesia, salvo que éste cuente con la nulidad y la autorización del obispo, que puede gestionarse a través de la parroquia que celebrará el casamiento.

La pareja deberá reservar la fecha en la iglesia más cercana al domicilio de la novia y presentar sus certificados de bautismo. En el caso de que los novios prefieran otra parroquia, deberán solicitar que ésta gestione un sencillo trámite que se denomina "pase".

Además deberán cumplir con el curso prematrimonial. Se accede a este requisito asistiendo a una serie de charlas en las que se tocan diversos temas que hacen al matrimonio cristiano y a la futura vida en común de los esposos. Estas charlas están dadas por matrimonios que cuentan los conflictos habituales que se pueden presentar en la relación y cómo resolverlos, además de abordar temas desde el punto de vista religioso, como la visión de la iglesia acerca de los diferentes métodos anticonceptivos. Pueden dictarse en forma grupal o personal. Al finalizar, la parroquia que los dictó, extiende a los novios el certificado correspondiente.

Los novios deben completar un expediente matrimonial, el cual consiste en un cuestionario doble. En la primera parte, cada uno de los novios por separado es interrogado acerca de sus motivos para casarse, su libertad o no al respecto y sus intenciones para el futuro. La segunda parte está dirigida a los testigos, que son convocados para dar fe de esa relación. Los testigos de fe, uno por la novia y otro por el novio, deben ser mayores de edad y no tener lazos sanguíneos directos con los novios, ser católicos y estar bautizados.

La boda religiosa debe contar al menos con dos testigos, padrino y madrina, los cuales no tienen que cumplir ningún requisito. Cualquier persona independientemente de la religión que profese, puede ser padrino de la ceremonia religiosa. Podemos distinguir cinco clases de padrinos, según la función que cumplen:

- De arras: puede ser una mujer o caballero, o una pareja de acuerdo a la tradición. Aún cuando los novios las hayan comprado, se las entregarán a la persona que estará a cargo de dárselas en ese momento.
- De lazo: generalmente es una pareja que ha conformado un exitoso matrimonio que se ha prolongado en el tiempo.
- De anillos: pueden ser casados o solteros, son indispensables porque entregarán el signo que sellará la unión.

El costo de la ceremonia varía, incluso algunas no tiene un arancel, sino que se pide una contribución a voluntad de la pareja.

¿Qué hacer si...?

- *Uno o ambos de los novios no tienen el certificado de bautismo en su poder.*

Lo pueden conseguir fácilmente dirigiéndose a la parroquia en la que se celebró el bautismo, allí se extenderá la constancia correspondiente. Si esta vía falla, por inexistencia actual de la parroquia, imposibilidad de acceder a ella, etc., la persona puede realizar una declaración en la vicaría zonal para que su calidad de bautizado sea reconocida.

- *Uno o ambos novios no están bautizados.*

Pueden optar por bautizarse antes del casamiento. El bautismo se obtiene mediante la asistencia a un breve curso, que puede realizarse en cualquier parroquia.

- *Uno de los novios profesa otra religión y no desea bautizarse.*

En este caso, es necesario pedir una dispensa al obispo, que se puede tramitar a través de la parroquia donde se celebrará la boda.

Ritos del matrimonio

Los accesorios que participan en el rito del matrimonio son: los anillos, las arras, el lazo y los cirios.

Los anillos: la tradición dice que será el que protegerá a la novia de los malos espíritus. Los egipcios lo usaban ya que su forma circular simboliza la eternidad. Los griegos comenzaron a colocarse estos anillos en el cuarto dedo de la mano izquierda porque se creía que la vena de ese dedo llegaba directo al corazón. En la actualidad el anillo de matrimonio es un recordatorio de la promesa de amor eterno que hacen los novios ante Dios el día de su boda. Representa además el compromiso de ambos de permanecer unidos. Puede ser de oro, platino o plata. Actualmente la tendencia se inclina hacia los de oro blanco, aunque también se mantiene entre los predilectos el de oro amarillo o bien una combinación de dos o tres colores de oro. Es tradición que los anillos vayan grabados con el nombre de la novia y del novio además de la fecha de la boda.

Las arras: han constituido la garantía de cualquier obligación aceptada o convenida. Son de origen oriental y fueron adoptadas por los romanos para reforzar el cumplimiento del acuerdo convenido entre los esposos. Son trece monedas que representan el compromiso que adquiere la pareja ante Dios, para hacer fructificar sus bienes materiales y así garantizar el bienestar económico familiar. El novio es quien las entrega. Hoy en día las arras se utilizan como símbolo de buena suerte. Se estila que sean de oro o de plata, ya que son una réplica de la moneda. Por lo general se entregan en un cofre.

El lazo: alude a la unión de las almas de los novios para toda la vida. Antes se acostumbraba que el lazo trajera flores en el centro, ahora los lazos pueden ser de plata, de listón o bien de materiales como macramé o cristal. Siempre llevará un crucifijo colgando en el centro, como alegoría de la dirección divina que regirá la unión matrimonial.

Los tres cirios: las llamas de los cirios significan la unión de dos familias (los padres de los novios), que dan nacimiento a una nueva que estará unida a las primeras. Actualmente no es parte de la ceremonia tradicional, por lo que requiere que sea hablado previamente con el sacerdote, si desean encenderlos. Son tres cirios: uno junto a los padres del novio, otro junto a los padres de la novia y el último para los novios. Hay dos maneras de prender los cirios:

Los padres deben encenderlos, juntar sus llamas y los novios encienden el suyo tomando la llama de sus padres.

Los padres encienden el cirio y los pasan a sus respectivos hijos, quienes encienden al mismo tiempo, uniendo sus llamas el tercer cirio ubicado en un candelabro.

El cortejo nupcial

Al cortejo nupcial lo componen los novios, sus padres, los padrinos, las damas de honor, los pajes, y el sacerdote. Tiene características y particularidades que los novios deseen darle, sin embargo algunas de ellas deben ser cumplidas y respetadas sin ningún cambio:

- Los hombres entran del lado derecho de las mujeres.
- La novia entra del brazo izquierdo de su padre y sale del brazo izquierdo del novio. Esto es porque la familia de la novia se encuentra a la derecha y la del novio a la izquierda, por lo tanto, se efectúa la primera presentación formal de la novia como esposa.

Los padrinos del cortejo son: los de velación, los de anillos, los de arras y los de lazo. Todos entran en parejas. Además pueden participar del cortejo una pareja como Padrinos de Biblia y otra como Padrinos de Cojines. Si hubiere Madrina de Ramo (es el que se entrega a la Virgen), deberá entrar sola.

También podrán integrar el cortejo las Damas de Flores, las Damas de Honor y los Pajes.

En la actualidad hay variantes y todas son válidas, pero la tendencia tradicional es la siguiente:

- Encabeza y guía el cortejo el sacerdote y los monaguillos (en algunas ocasiones, esperan en el altar junto al novio y a su madre).
- Entra el novio con su madre y al llegar al altar, él se coloca del lado derecho y su mamá del lado izquierdo, y esperan al resto del cortejo.
- Luego ingresan los padrinos de velación, familiares y amigos cercanos del novio, y la mamá de la novia junto al papá del novio.
- Siguen las madrinas o damas de honor y familiares e íntimas amigas de la novia, quienes llevan el ramo, las arras, anillos, lazo, etc.
- Después los pajes, que son los encargados de portar las flores, recuerdos, campanitas, botellitas de agua bendita y bolsitas de arroz, que se entregarán al finalizar la ceremonia.
- Por último hace la entrada triunfal la novia, acompañada de su papá. Al llegar al altar el padre la entrega al novio y ella se coloca al lado izquierdo de él.

Capítulo 3

Pautas protocolares

El término protocolo según la Real Academia Española, proviene del latín *protocollum* y éste del griego, definiéndolo como:

El término ceremonial al igual que el de etiqueta, son sinónimos de protocolo. La diferencia reside en las épocas en que han sido empleados. El uso de la palabra etiqueta es anterior, luego se empleó el vocablo protocolo y en la actualidad se impone el término ceremonial.

Y como en todo evento social, las bodas también se rigen por cierto protocolo, cuyas características principales abordaremos a continuación.

El protocolo de las bodas

El compromiso y la boda son dos momentos trascendentales de la vida. En principio describiremos algunas cuestiones básicas del protocolo en referencia al compromiso.

Compromiso

Siempre se encarga la familia de la novia. Se puede hacer por tres medios:

1. Anuncio en un periódico.

2. En forma individual con los amigos, personalmente o por carta.
3. Con una fiesta de compromiso.

La fiesta de compromiso la dan los padres de la novia y se trata de una celebración íntima. Si es una fiesta, la ofrecen los padres de la novia y sólo es para los familiares cercanos y amigos íntimos. Si las familias se conocen es correcto que la madre del novio invite a la familia de la joven a una pequeña cena, de lo contrario deben visitar a los padres de la novia lo antes posible.

En cuanto a las normas de etiqueta se comunica el compromiso y se desea la salud de los novios en un breve discurso que suele pronunciar el padre de la novia. Se finaliza con un brindis.

El anillo de compromiso

Es una vieja costumbre en la que el novio entrega a su prometida un anillo en prueba de su compromiso, que no podrá llevar públicamente antes de que el mismo haya sido anunciado y luego se deberá llevar en el dedo del corazón de la mano izquierda. Por lo general los hombres no llevan anillo.

En la antigüedad los romanos utilizaban anillos de hierro con piedras preciosas engarzadas. A partir del siglo XV es el diamante la piedra preferida. Si bien todas las piedras preciosas tienen su lenguaje.

Ceremonial escrito

El ceremonial escrito está presente en toda la papelería inherente a la boda: invitaciones, participaciones, menúes, correos electrónicos, etc.

Es importante que la papelería tenga el mismo estilo de diseño y que la calidad del papel sea similar. Y que dentro del sobre coloquemos la invitación, la tarjeta para la lista de regalos y un mapa o plano para llegar a la iglesia o al lugar donde se realice la fiesta. Si nuestro presupuesto no nos permite hacer un diseño de calidad, será conveniente no adjuntarlo. Recuerde que la tecnología nos brinda hoy en día muchas opciones. Por ejemplo, es muy común que estos croquis o mapas se envíen por e-mail o que se publique una página Web en la que se incluya algunos datos importantes que puedan ser útiles a nuestros invitados (lista de regalos, sugerencia de vestuario, fotos del lugar donde se realizará la boda, posibilidades de traslados, etc.).

Presentaciones

Autopresentaciones

En las bodas o cuando son reuniones numerosas los hombres, si desean iniciar una conversación, pueden presentarse a sí mismos, para ello deberán decir claramente su nombre y apellido. En cuanto a las señoras, antiguamente, no era adecuado que se presentaran solas, aunque en la actualidad han cambiado esas costumbres y no está mal que la mujer actúe igual que el hombre.

Precedencias

Distribuir correctamente los lugares en una mesa es una tarea fundamental.

Para tener en cuenta:
- La novia tiene el mismo lugar de precedencia que el novio.

- El lugar de los novios (lugar de honor) en una mesa, estará enfrentado a la puerta de entrada del salón comedor.
- Cuando se realice la distribución de los invitados en la mesa, recuerde que los matrimonios deben separarse, evitando que estén uno frente al otro, hay que ubicarlos en diagonal.
- Debe evitarse que se sienten dos mujeres juntas; puede ser aceptable que se sienten dos hombres uno al lado del otro -a veces es necesario-.
- En cada mesa el lugar del anfitrión, será ocupado por el hombre de mayor jerarquía y su esposa o acompañante.
- Una vez que estén todos los invitados en el comedor, se sentarán primero las señoras y luego los caballeros. Si no hay camareros que lo hagan, los caballeros ayudarán a sus esposas o a las damas que estén ubicadas a ambos lados a mover la silla.
- Si por diversos motivos una persona de mayor jerarquía o una mujer llegara tarde o fuera ubicada estando un hombre sentado a la mesa, éste deberá ponerse de pie y mover la silla si fuera necesario.

Vamos a repasar cuáles son los principios de la precedencia en el servicio en general

Aspectos a considerar:
- El sexo (señoras y señoritas antes que los caballeros).
- La condición de huésped o invitado (quienes son servidos antes que los anfitriones).
- La edad (los mayores antes que los jóvenes).

En la precedencia anglosajona el orden para servir a los comensales es:

En una fiesta de bodas los anfitriones e invitados de honor son los novios. Ellos ocupan la mesa principal, generalmente en compañía de sus padres. En esta mesa se servirá:

- Primero a la madre de la novia que se ubicará a la derecha del novio.
- Segundo al padre del novio que estará sentado a la derecha de la novia.
- Tercero a la madre del novio.
- Cuarto al padre de la novia.
- Quinto a la novia.
- Sexto al novio.

En el resto de las mesas, ya hemos mencionado que se le asignará el rol de anfitrión al caballero de mayor jerarquía y a su esposa.

En la precedencia francesa el orden para servir a los comensales es:

- Primero a la señora que está sentada a la derecha del anfitrión.
- Segundo al señor que está sentado a la derecha de la anfitriona.
- Tercero el resto de las señoras.
- Cuarto el resto de los señores.
- Por último a la anfitriona y al anfitrión.

Deberá cuidarse que la comida no se enfríe y si son más de 6 personas deberán servir dos mozos o camareros al mismo tiempo.

Invitaciones: Lo esencial para mandar a hacerlas

Ahora se puede elegir entre una amplia gama de diseños, texturas, colores y papeles; hay desde una invitación clásica hasta otras más modernas.

La elección de las invitaciones pueden hacerla desde el momento en que se fija la fecha de la boda.

Pero lo más importante de una invitación es comunicar con claridad el día, la hora y el lugar de la ceremonia y la recepción.

Lo que se debe tener en cuenta para elegir las invitaciones es el tipo de boda, la hora y el lugar, el gusto de los dos y el presupuesto que quieren destinarle.

La mayoría de las empresas que se dedican a esto, ofrecen paquetes que incluyen: invitaciones, tarjetas de mesa de regalos y notas de agradecimiento, mapa del lugar, tarjetas personales, asignación de lugares, menúes impresos, etc., así que es importante que pregunten por ellos.

Es fundamental saber que en general, las invitaciones para una boda muy formal son grabadas, ya que es la técnica de mayor calidad, aunque su costo puede ser bastante elevado. Sin embargo, existen otras opciones como la prensa plana o la serigrafía que son mucho más económicas y que tienen un efecto similar al del grabado. Más económicas todavía serán las impresiones láser.

Para mandar a hacer las invitaciones y/o papelería tomen en cuenta:
- Deben hacer el mismo número de mapas y de tarjetas de mesa de regalos que de invitaciones.
- Deben de imprimir al menos dos menúes por mesa.
- La misma cantidad de notas de agradecimiento que de

invitaciones, si las entregarán después de la boda; o el mismo número de agradecimientos que de obsequios.

Las invitaciones son la primera impresión que los invitados tendrán de la boda, así que no duden en incluir en ellas elementos que vengan al caso siguiendo el estilo, además de algunos detalles personales.

Utilizando un programa de diseño, una impresora y un lindo papel, podrán hacer algunas de las impresiones necesarias y de esta forma bajar costos.

1. **Invitaciones**: su tamaño puede variar dependiendo del estilo que deseen. Pueden ser las clásicas blancas con varios dobleces o las más modernas en cartón corrugado o papel ecológico, ya sea cuadradas, rectangulares, en colores vivos, con combinación de materiales, etc.

2. **Participaciones**: éstas se envían a las personas que no están invitadas al banquete o pueden enviar sólo la invitación sin tarjetas para la recepción.

3. **Tarjetas de banquete o cocktail**: si deciden colocar dentro de las invitaciones tarjetas personales, pueden hacerlas del tamaño de una tarjeta de presentación (9 cm x 5 cm aprox.), la información que debe ir es: el nombre y dirección del lugar en que será la recepción, si es para una persona poner "personal", indicar si es "Formal, Etiqueta o Informal" y las siglas R.S.V.P. (*Répondez s'il vous plaî t*= Por favor confirmar) así como un número telefónico a donde confirmar la asistencia.

4. **Sobres**: hoy en día ya no se usa tanto colocar las invitaciones de boda en sobres, salvo que éstas se vayan a enviar fuera de la

ciudad. Las direcciones de los novios las pueden poner en la parte de atrás de la invitación o en el interior de la misma.

5. **El mapa o plano**: se puede hacer en el mismo papel que las invitaciones. El tamaño, debe ser igual al de la invitación o más pequeño.

Cada día se recurre con mayor frecuencia a la impresión de mapas con la ubicación exacta de la iglesia y del lugar donde se llevará a cabo la fiesta de boda. Este mapa o croquis se incluye en el sobre. Hoy en día muchas fiestas de boda se realizan en estancias o countries, las cuales suelen estar en zonas alejadas del radio habitual de los invitados. Por eso es importante que al definir el lugar de la ceremonia y de la recepción, se considere diseñar un mapa de localización o anexar un croquis para facilitar la llegada al lugar. Muchas veces los salones, haciendas o jardines cuentan con su propio mapa y facilitan un modelo.

La impresión se debe realizar en un papel delicado. Lo más usual es hacerlo en papel tipo Conqueror que viene con diferentes tonalidades, satinados y mate. También puede usarse papel albanene, el que se utiliza comúnmente para hacer tarjetería española. Otra alternativa es el papel ecológico, reciclado o hecho a mano.

6. **Tarjetas de mesa de regalos**: pueden poner las que dan en los negocios o hacerlas del mismo estilo, papel y tipografía que usaron en las demás.

7. **Menúes**: es una tarjeta de tamaño mediano, con la información de la comida o cena que servirán.

8. **Programas musicales**: contienen información sobre las piezas musicales que se tocarán durante la ceremonia religiosa, incluyendo el nombre del autor original de la obra, y se pueden incluir dentro de los misales.

9. **Tarjetas de asignación de lugares**: No siempre se usa pues lo más elegante es que un recepcionista acompañe a los invitados a su mesa, pero pueden ponerlas a un lado del cubierto para que cuando les indiquen el número de mesa, puedan encontrar rápidamente su lugar.

10. **Souvenirs**: Si está previsto regalar algún recuerdo de la boda, se pueden colocar en ellos una pequeña tarjeta que diga "Gracias por acompañarnos" o algo similar.

11. **Notas de agradecimiento**: Pueden poner unas tarjetas plegables con su nombre y nueva dirección y por supuesto llenar las tarjetas a mano para que sea más personalizado.

La impresión de las invitaciones

El paso número uno es tener la lista de invitados con los nombres completos y con todos los datos de la persona. Una gran herramienta son las planillas de cálculo de las computadoras, las que permitirán ordenar y organizar la base de datos de los invitados.

Pero es necesario tener en cuenta:

1. Antes de escribir las invitaciones, deben tener la lista de invitados completa.
2. Cuidar al máximo la ortografía.
3. Si la boda será muy formal, deben incluir el título, cargo o profesión del invitado.
4. Por lo regular los títulos o cargos no van abreviados.
5. Cuanto más formal sea la boda, mayor rigor exige la redacción y el cuidado en el escrito.

6. Si conocen a alguien con una letra hermosa y pídanle que las escriba.

7. Si ustedes escribirán las invitaciones, hay que comprar los elementos adecuados según al tipo de papel.

8. Utiliza siempre tinta oscura.

9. Los nombres de los invitados que vivan con sus padres o en casas separadas, no deben aparecer en los sobres, se pone el nombre del jefe de la casa "y familia".

10. Si invitan a una pareja o matrimonio sólo, sin los hijos, deberán rotularla como: Sr. Jorge González y Sra.

11. A las mujeres solteras se les antepone el Srta. y su/s apellido/s.

¿Cómo distribuir a los invitados?

Todos los invitados son y deben sentirse especiales y requieren esmero sobre todo a la hora de asignarles una mesa en la recepción.

Es fundamental una buena distribución de los invitados ya que le puede generar un excelente ambiente a la boda. En esto tienen que colaborar los dos, tanto la novia como el novio, para decidir qué es lo más apropiado para cada invitado.

La clave es unir en una mesa al grupo de personas que tienen algo en común o pertenecen al mismo grupo de amigos o familiares. Así se sentirán cómodos y lo proyectarán.

- De preferencia en la mesa de los novios deben sentarse sólo los novios.
- Distribuyan a las familias de ambos en mesas cercanas.
- Procuren sentar juntos a solteras y solteros.
- Sienten a las personas mayores de edad en las mesas que estén más lejos de los parlantes de sonido y del grupo musical.

- Eviten sentar a personas divorciadas en mesas de parejas recién casadas.
- Asignen un área especial para niños.
- Es importante que se realice un esquema o plano de distribución de las mesas. Este incluye número y tipo de mesa, lugar y cantidad de comensales.
- Para llevar un mejor control de la asignación de lugares y para que todo esté en orden se aconseja contratar a un *wedding planner* que les ayude a coordinarlo.

Dependiendo de la magnitud de la fiesta, esta persona enviará un agente de ceremonial y auxiliares de sala, para que se encarguen de todas estas acciones.

Numerando las mesas

- Decidan si desean numerar las mesas sin asignar los lugares, o bien indicar el de cada invitado. Cuando lo hagan pueden hacer algunas cosas para facilitar el proceso.

- Incluir en las invitaciones el número de mesa que le corresponde a cada invitado y que cada quien elija el lugar en el que se sentará.
- Dividir el lugar por zonas y asignar un color a cada una y cierto número de mesas. Así sus invitados tendrán más opciones para elegir dónde sentarse.
- Colocar en el centro de cada mesa un tarjetón con el apellido de la familia o número de mesa y poner tarjetas de ubicación con el nombre de cada invitado en el lugar correspondiente.

- Tener una lista de los invitados por orden alfabético con el número de mesa que les corresponde, a la entrada del salón.
- Contemplar los invitados de último momento, aquellos que confirman su asistencia sobre la hora.
- Entregar copias de la distribución de mesas al chef, al DJ, al conductor y al coordinador ó *Wedding Planner*, que les ayudará con esto.

La mesa de los novios

En la actualidad se estila que se sienten solos en una mesa aparte de todos los invitados, pero también pueden estar al lado de la de los padres y hermanos.

Otra de las opciones más frecuentes es invitar sólo a los padres de los novios a compartir la mesa.

La mesa de honor se sitúa en un lugar estratégico, es decir, en un sitio en donde los novios pueden ver todo el salón. Normalmente se coloca pegada a una pared en el centro del lugar de la recepción, sobre una tarima no muy alta, para que predominen los novios.

¿Niños en la boda?

Lo deben decidir desde un principio, si participarán de la boda o no.

Por lo general, si es en un salón los niños se pueden aburrir más rápidamente que si se efectúa en un jardín, en la playa o si es de noche. Por eso en las invitaciones ahora se usa la leyenda "se ruega asistir sin niños".

Los niños en la recepción

Pueden considerarse los siguientes detalles tales como:

- Hacer mesas exclusivas para niños con un menú especial de su agrado.
- Colocar en cada mesa materiales didácticos con los que se puedan divertir o entretener: hojas de papel, crayones, rompecabezas, juegos de mesa, etc.
- Alquilar uno o dos juegos inflables (castillos o dragones que deberán colocarse en algún salón contiguo al salón principal y deberán tener la supervisión de algún adulto).
- Contratar personal para que cuide de ellos, o bien si es en un hotel contratar una habitación adicional con servicio de niñeras, de manera que, si desean dormir puedan hacerlo.

Capítulo 4

Ceremonias religiosas

Estas son algunas de las ceremonias religiosas de acuerdo a las zonas y culturas donde viven:

Ritos de purificación

Las novias hindúes se purifican antes de la boda untándose el cuerpo con una pasta de cúrcuma, un bactericida natural.

Las camboyanas, en cambio, lavan los pies del novio para simbolizar su papel de sujeción al esposo.

En cuanto a las novias judías, asisten a un curso de purificación corporal antes de sumergirse en el *mikvé*, un baño de agua bendita.

Bodas en Las Vegas

Es la capital nupcial del mundo. Cada año, 75.000 parejas contraen matrimonio en sus 50 capillas. Cabe señalar la White Chapel, una ventanilla a la que uno se asoma sin salir del automóvil: basta con frenar frente a la misma y apagar el motor; en 10 minutos finaliza y se está legalmente casado. También se puede ir a pie.

Los pajes en España y otros países

La tradición de los pajes surge en la Edad Media, cuando las princesas solían ser acompañadas por los miembros más pequeños de su familia, ellos la ayudaban con el vestido ya que era muy pesado en esa época.

Actualmente los niños desfilando por el pasillo de la iglesia le dan un toque tierno y gracioso a la ceremonia, por ello es aconsejable elegir a algunos pequeños para que formen parte del cortejo. Son el complemento perfecto para cualquier fiesta, imprimen entusiasmo, vitalidad y alegría. Ese día no son sólo invitados, son los pajes y las damitas que se distinguen por su vestimenta.

Vestido de arras

Las niñas que acompañan a la novia en la ceremonia, vestidas para la ocasión, aportan un toque emocional de suma importancia en la boda. El estilo elegido debe estar acorde con el horario y el lugar donde se efectuará la boda.

Las damas de honor en Estados Unidos y Europa

La tendencia comenzó en Estados Unidos y luego se fue incorporando en Europa y en algunos países latinoamericanos.

Tradicionalmente, la novia elige a su hermana o a su mejor amiga para que esté junto a ella durante la organización de la boda, hasta camino al altar. Vestidas con sus mejores galas, los colores y estilos son muy variados a la hora de elegir el atuendo. Por lo general se caracterizan por el toque de elegancia y distinción que le aportan a la boda.

En los vestidos de las damas de honor suele emplearse el *shantung* de seda. Otras tendencias son la organza, el brocato, o telas similares. Predominan el verde limón, el rosa muy fuerte y el azul acero y los tradicionales colores pasteles.

Este personaje tiene un gran valor para la novia. Y no sólo por el valor sentimental, sino también por la ayuda que representa para los planes de la boda.

Lo que la dama de honor puede hacer, algunas en forma conjunta con el wedding planner:

- Ayuda a la novia en todos los detalles.
- Asiste a la novia en la elección de los souvenirs y en la compra de los mismos.
- Asigna a una persona para que controle un listado de regalos que va recibiendo la novia y le ayuda a escribir las notas de agradecimiento.
- Se asegura de que las madrinas y padrinos lleguen a tiempo a la ceremonia y que traigan la vestimenta correcta.
- Ayuda a la novia a vestirse el día de la boda y acomoda el velo y la cola del vestido de novia.
- En ocasiones, puede ser testigo legal de casamiento, es decir firma el certificado de matrimonio.
- Forma parte del cortejo.
- Le ayuda a la novia a quitarse el velo y a sacar la cola del vestido para que pueda disfrutar de la fiesta.
- Forma parte del brindis.
- Supervisa las mesas durante la recepción, para chequear que todo esté en perfecto orden y hace que los invitados se sientan lo mejor posible.
- Recibe los regalos que lleven a la recepción y se encarga de guardarlos y de llevarlos al nuevo hogar.

Además:
* Organiza la despedida de soltera o ayuda a realizarla.

Ejemplo de una ceremonia religiosa: Boda Católica

Los padrinos en la ceremonia católica:

Cualquier persona, independientemente de su relación con los novios y la religión que practique, puede ser padrino / madrina del casamiento.

Con respecto a los testigos, tienen que ser como mínimo 2 pero pueden ser más. Ser mayor de 21 años, preferentemente no familiar y de la misma religión.

Protocolo de la ceremonia

* El novio deberá llegar antes que la novia a la iglesia.
* La novia camina hasta el altar del brazo de su padre.
* Sólo debe sonar la marcha nupcial mientras la novia desfila por el pasillo hacia el altar.
* La novia se ubica a la izquierda del novio.
* Durante la ceremonia, la familia del novio se debe situar del lado derecho y la de la novia, del izquierdo.
* En los lugares de honor deberán sentarse los padres de los novios.
* En las filas más cercanas al altar, deberán sentarse los hermanos de los novios, las madrinas y padrinos de los mismos.
* La boda se lleva a cabo como una misa común, a diferencia de que se integra el rito del matrimonio.
* Durante la ceremonia tendrá lugar el consentimiento mutuo de los contrayentes.

- A continuación, el sacerdote invoca la bendición de Dios para que la alianza se mantenga con fidelidad perenne, el novio coloca el anillo de boda a la novia en el dedo anular derecho y luego ésta al novio.
- Las lecturas pueden ser elegidas por los novios.
- Para la salida de la iglesia vuelve a sonar la marcha nupcial, el novio ofrece su brazo izquierdo a la novia, y comienzan a caminar por el pasillo central hacia la salida, sonriendo pero sin saludar con la mano y sin hablar con los participantes.
- Inmediatamente después de celebrada la boda, el párroco debe inscribir el enlace en el libro de matrimonios de su registro parroquial. La ceremonia termina con la firma de los contrayentes, padrinos y testigos.

¿Campanitas, burbujas o agua bendita?

Desde hace tiempo cuando los novios salen de la Iglesia o del lugar donde se realiza la ceremonia religiosa, se les arroja puñaditos de arroz, después se incorporaron las bolsitas de tul con arroz coquetamente decoradas. Se dice que el arroz representa la abundancia y a través de él se desea a los novios buena fortuna.

Actualmente también se utilizan en algunos países las campanitas de boda, las burbujas y el agua bendita o bien como en Italia que se sueltan palomas mientras repican las campanas de la iglesia.

Campanitas de boda

Las campanas buscan ahuyentar las malas vibraciones del exterior. Son pequeñas de cristal o de metal y están decoradas con motivos nupciales, flores y cintas. Se entregan a los invitados momentos antes de concluir la ceremonia religiosa, a fin de que todos las hagan sonar mientras los novios se dirigen a la salida.

Las campanitas también sirven como recuerdo del evento, cuando llevan grabados en ellas las iniciales de los novios y la fecha de la boda.

Burbujas

Las burbujas no tienen el significado de antaño, sin embargo, se adoptaron desde hace un tiempo para desearles a los novios, felicidad y abundancia.

El líquido para burbujas se coloca en recipientes decorados y se reparte generalmente cuando los invitados están saliendo de la Iglesia.

Cuando uno de los novios es de otra religión

Cada religión tiene características propias pero tiene creencias comunes. El matrimonio en todas es algo sagrado que se debe llevar bajo un rito especifico con reglas concretas a seguir y roles definidos. Es una alianza cimentada en el amor a Dios.

Lo primero es llegar a un acuerdo. Es necesario que sean honestos con su pareja y le expliquen la visión sobre el matrimonio y decidir juntos bajo un marco de respeto y tolerancia mutuos.

Lecturas en la ceremonia religiosa

Las lecturas en la boda las deben hacer personas cercanas a los novios o aquéllos a quienes consideren muy especiales.

Es un mensaje que seres queridos les dan tanto a los nuevos esposos como a toda la comunidad, entonces en muy importante que los lectores sean personas que los aprecien.

Las lecturas por lo general se pueden escoger, pero las más comunes son:

Primera Lectura
- Lectura del Libro del Génesis 2:18-24: "Serán los dos una sola cosa".
- Lectura del Libro de Génesis 1: 26-28: "El los creó varón y mujer".
- Lectura del libro de los Eclesiásticos 26:1-4, 13-16: "La mujer, resplandor de su hogar".
- Lectura del Libro de Tobías 8:5-10: "Que los dos juntos vivamos felices hasta la vejez".
- Lectura del Libro del Cantar de los Cantares 2:8-10; 14-16; 8:6-7: "El amor es más fuerte que la muerte".

Salmo Responsorial
- Del Salmo 33: "Gustad y ved qué bueno es el Señor".
- Del Salmo 144: "El Señor está lleno de amor".
- Del Salmo 102: "El Señor es comprensivo y misericordioso".
- Del Salmo 127: "Dichoso el que ama al Señor y sigue sus caminos".
- Del Salmo 32: "La alegría de nuestro corazón viene de Dios".

Segunda Lectura
- Lectura de la primera carta del apóstol San Juan a los corintios 12:31, 13:8: "Si no amo, nada soy".
- Lectura de la carta del apóstol San Pablo a los romanos 8:31-39: "¿Quién podrá apartarnos del amor de Cristo?".
- Lectura de la primera carta del apóstol San Juan 4:7-12: "Ámense los unos a los otros".
- Lectura de la carta del apóstol San Pablo a los romanos 12:1-2,9-18: "Presenten sus cuerpos como ofrenda viva".

- Lectura de la carta del apóstol San Pablo a los colosenses 3:12-17: "Sobre todas estas virtudes, está el amor que es vínculo de perfecta unión".

Orden de la Ceremonia religiosa

Si van a hacer misales o bien para tener una idea de lo que sucede en la boda expondremos un orden de cómo es la ceremonia religiosa.

a) Rito de recepción

Saludo

Sacerdote: "Hermanos, nos hemos reunido aquí para acompañar a (nombre de los novios) a celebrar el sagrado sacramento del matrimonio. Bienvenidos sean todos, familiares y amigos a esta ceremonia de la Iglesia de Cristo, presente aquí. Participemos en esta celebración, unidos en la oración, por los futuros nuevos esposos".

Cántico de Entrada

Sacerdote: "Señor, te pedimos que protejas a tus hijos (nombre de los novios), que llenes de tu gracia sus vidas y bendigas todos sus proyectos, concediendo los buenos deseos que guardan en sus corazones".

Oración

Sacerdote: "Señor, Tú que con un designio maravilloso consagraste la unión conyugal para mostrar en ella la unión de Cristo con su Iglesia, concede a estos hijos tuyos que realicen en su vida de esposos este designio que conocen por la fe. Por nuestro Señor Jesucristo".

Todos: "Amén".

b) Liturgia de la palabra

Primera Lectura
Segunda Lectura
Salmo
Aleluya
Evangelio

Las lecturas pueden escogerlas los novios en la mayoría de los casos con ayuda del sacerdote que oficiará la misa. Dependiendo de ello será el sermón que puede ser muy dirigido a los novios o general.

c) Rito del matrimonio

El Sacerdote les habla a los novios por su nombre y dice: "...han venido aquí, para que el Señor, ante el ministro de la iglesia y ante esta comunidad cristiana consagre con su sello su amor. Este amor Cristo lo bendice abundantemente y con su nuevo Sacramento, a ustedes a quienes por el bautismo, ya santificado, los va a enriquecer y a dar fuerza para que se guarden siempre mutua fidelidad y puedan cumplir las demás obligaciones del matrimonio.

Así pues ante esta comunidad cristiana que representa la Iglesia, les pregunto:

Su nombre: ¿Han venido aquí a contraer matrimonio por su libre y plena voluntad, sin que nada ni nadie los obligue?".

Novios: "Sí Padre".

Sacerdote: "¿Están dispuestos a amarse y a honrarse mutuamente en su matrimonio durante toda la vida?".

Novios: "Sí Padre".

Sacerdote: "¿Están dispuestos a recibir con amor y sentido de paternidad responsable a los hijos que Dios les dé y educarlos según la ley de Cristo y de su iglesia?".

Novios: "Si Padre".

Consentimiento

Sacerdote: "Así pues, ya que quieren establecer la alianza santa del matrimonio unan sus manos y expresen su consentimiento delante de Dios y de su iglesia".

Novio: "Yo (nombre del novio), te acepto a ti (nombre de la novia) como mi esposa y prometo serte fiel en lo próspero y en lo adverso, en la salud y en la enfermedad, y amarte y respetarte todos los días de mi vida".

Novia: "Yo (nombre de la novia), te acepto a ti (nombre del novio) como mi esposo y prometo serte fiel en lo próspero y en lo adverso, en la salud y en la enfermedad, y amarte y respetarte todos los días de mi vida".

Sacerdote: "Que el Señor confirme este consentimiento que han manifestado ante la Iglesia y cumpla en ustedes su bendición. Lo que Dios acaba de unir, que no lo separe el hombre".

Todos: "Amén".

Entrega de anillos y arras

Sacerdote: "Bendice Señor a estos hijos tuyos (sus nombres) y santifícalos en tu amor, y que estos anillos y éstas arras, símbolo de fidelidad y de ayuda mutua, les recuerden siempre el cariño que se tienen. Por nuestro Señor Jesucristo".

Todos: "Amén".

Novio: "(nombre de la novia), recibe este anillo como signo de mi amor y mi fidelidad. En el nombre del Padre, del Hijo y del Espíritu Santo".

Novia: "(nombre del novio), recibe este anillo como signo de mi amor y mi fidelidad. En el nombre del Padre, del Hijo y del Espíritu Santo".

Novio: "Recibe también estas arras, son prenda del cuidado que tendré para que no falte lo necesario en nuestro hogar".

Novia: "Yo las recibo en señal del cuidado que tendré para que todo se aproveche en nuestro hogar".

Los novios pueden solicitarle al sacerdote que diga los votos y ellos dirán: "Si acepto o las recibo" o bien pueden comunicarle al ministro si prefieren decir algunas palabras adicionales a los votos.

Oración de los fieles

Sacerdote: "Oremos hermanos, a Dios Padre Todopoderoso...".

Al finalizar un lector lee las oraciones, peticiones e intenciones que se tengan para con los novios y la comunidad cristiana en general.

Después de cada petición se responde: "Te rogamos Señor". Las peticiones e intenciones también las pueden llevar los novios para que sean más específicas sobre la boda.

Sacerdote: "Escucha Padre de bondad nuestra oración y derrama tu gracia y tu misericordia sobre estos nuevos esposos: aparta de ellos todo mal y todo pecado, alégralos con la abundancia de tus bendiciones y haz que vivan felices en el tiempo y la eternidad. Por Jesucristo Nuestro Señor".

Todos: "Amén".

d) Liturgia de la Eucaristía

Sacerdote: "Bendito Señor, Dios del Universo, por este pan, fruto de la tierra y del trabajo del hombre, que recibimos de tu generosidad y ahora te presentamos; él será para nosotros, pan de vida".

Todos: "Bendito seas por siempre Señor".

Sacerdote: "Bendito seas Señor, Dios del Universo, por este vino, fruto de la vid y del trabajo del hombre que recibimos de tu generosidad y ahora te presentamos; él será para nosotros, bebida de salvación".

Todos: "Bendito seas por siempre Señor".

Oración sobre las ofrendas

Sacerdote: "Oremos hermanos, para que este sacrificio, mío y de ustedes, sea agradable a Dios Padre Todopoderoso".

Todos: "El Señor reciba de tus manos este sacrificio para alabanza y gloria de Su nombre, para nuestro bien y el de toda su Santa Iglesia".

Sacerdote: "Escucha nuestras súplicas Señor, y recibe con agrado estas ofrendas que te presentamos, por estos hijos tuyos, unidos en santo matrimonio, para que la celebración de estos misterios los confirme en su amor y en el tuyo. Por Cristo Nuestro Señor".

Todos: "Amén".

e) Plegaria Eucarística

Prefacio

Sacerdote: "El Señor esté con ustedes".

Todos: "Y con tu Espíritu".

Sacerdote: "Levantemos el corazón"

Todos: "Lo tenemos levantado hacia el Señor".

Sacerdote: "Demos gracias al Señor nuestro Dios".

Todos: "Es justo y necesario".

Sacerdote: "Realmente es justo y necesario, es nuestro deber y salvación, darte gracias siempre y en todo lugar, Señor, Padre Santo, Dios Todopoderoso y eterno, que con el yugo suave del amor y en el vínculo insoluble de la paz, hiciste más fuerte la alianza nupcial, para que aumenten los hijos de tu adopción por la honesta fecundidad de los matrimonios cristianos. Tu providencia, Señor, y tu amor lo dispusieron de manera tan admirable, que el nacer puebla la tierra y el renacer aumenta Tu Iglesia. Por Cristo Nuestro Señor. Por Él, con los ángeles y los santos, cantamos sin cesar el himno de tu gloria".

Aclamación

Santo.

Sacerdote: "Este es el sacramento de nuestra fe".

Todos: "Anunciamos tu muerte, proclamamos tu resurrección. ¡Ven Señor Jesús!".

Sacerdote: "Fieles a la recomendación del Salvador y siguiendo su divina enseñanza nos atrevemos a decir:"

Se reza el Padre Nuestro.

Sacerdote: "Líbranos Señor de todos los males y concédenos la paz en nuestros días, para que, ayudados por tu misericordia, vivamos siempre libres de pecado y protegidos de toda perturbación, aguardando la venida gloriosa de nuestro Salvador Jesucristo".

Todos: "Tuyo es el Reino, tuyo el Poder y la Gloria por siempre Señor".

f) Rito de la Paz

Sacerdote: "Señor Jesucristo, que dijiste a tus Apóstoles, la paz os dejo la paz os doy; no tomes en cuenta nuestros pecados, sino la fe de tu Iglesia y concédenos la paz. Tu que vives y reinas por los siglos de los siglos".

Todos: "Amén".

Sacerdote: "La paz del Señor esté siempre con vosotros".

Todos: "Y con tu espíritu".

Sacerdote: "Dense fraternalmente la paz".

Todos: "Cordero de Dios que quitas el pecado del mundo, ten piedad de nosotros. Cordero de Dios que quitas el pecado del mundo, ten piedad de nosotros. Cordero de Dios que quitas el pecado del mundo, danos la paz".

Sacerdote: "Este es el Cordero de Dios que quita el pecado del mundo. Dichosos los invitados a la cena del Señor".

Todos: "Señor, yo no soy digno de que vengas a mi, pero una palabra tuya bastará para sanar mi alma".

Oración sobre los esposos

Sacerdote: "Hermanos, pidámosle a Dios que bendiga y proteja a (nombre de los novios), a quienes ha enriquecido con el sacramento del matrimonio. El sacerdote hace una oración especial para los nuevos esposos. Por Cristo Nuestro Señor".

Todos: "Amén".

g) Participación de la Eucaristía

Cántico de la comunión.
Oración para después de la comunión.

h) Rito de Despedida

El sacerdote se despide de toda la comunidad de acuerdo al grado de conocimiento o según su costumbre, pero por lo general las últimas dos son:

Sacerdote: "Y que a todos ustedes los que están aquí presentes, los bendiga Dios Todopoderoso, Padre Hijo y Espíritu Santo".

Todos: "Amén".

Sacerdote: "Pueden ir en paz, la Santa Misa ha terminado".

Todos: "Demos gracias a Dios".

Capítulo 5

Importancia de la gastronomía

Un aspecto importante de cualquier reunión es el gastronómico, donde no sólo se analizará qué alimentos y bebidas se ofrecerán a los invitados, sino que también se deberá pensar en la presentación de los mismos.

Debe atenderse especialmente la vestimenta del personal de servicio -que puede ser diseñada para la ocasión, si se trata de una boda temática- así como el montaje y distribución de las mesas que permitirá impactar o no de acuerdo a la presentación lograda.

Cuando la época lo permite en quintas y estancias, salones de fiesta con piscina o con mesas alrededor, los mozos pueden aparecer desde cualquier lugar del jardín y ofrecer la recepción al lado de la pileta.

Menúes Impresos

Los menúes no sólo tienen la función de informar lo que se comerá sino que pueden ser un pequeño recuerdo para los invitados. En ellos se detallará el menú de la boda en los diferentes tiempos en que se irán sirviendo.

Pueden hacerse con distintas variantes, desde la foto de los novios de un lado, una poesía, la reproducción de un cuadro, el texto de una canción que posteriormente podrán entonar todos, agradecimientos, lo mismo que se imprimió en la tarjeta de participación, un dibujo, frases de los novios o dedicatorias a sus amigos.

Todo lo que sea personalizado le dará un toque diferente.

El protocolo en las comidas

Trataremos ahora algunos aspectos protocolares relacionados con la etiqueta que debemos guardar referida a la gastronomía.

Almuerzos

Las normas de ceremonial son las mismas que las utilizadas para las comidas de la noche, los tiempos y menúes serán diferentes. Las invitaciones indicarán un horario más ajustado. Se invita sin margen de tiempo, sobre la hora de servir la comida. Por lo tanto, debe ser respetado al máximo el horario indicado en la invitación. Es correcto retirarse luego de tomar el café. Si un invitado se retrasa, se podrá comenzar sin él y al llegar comerá a partir del plato que estén comiendo los demás. Los almuerzos pueden ser tanto en un ambiente cerrado como al aire libre. Este tipo de comida es muy frecuente cuando la fiesta de bodas se realiza en restaurantes o casas de campo (muchas veces la comida es una variedad de carnes asadas).

Brunch

El significado de este vocablo está relacionado con el horario en el que se desarrolla y las comidas que corresponden al mismo. Es una comida que va entre el desayuno (*breakfast*) y el almuerzo (*lunch*), dando la fusión de ambos vocablos el nombre que lleva.

El horario de comienzo suele ser cercano a las 11:00 de la mañana. Es utilizado cuando la recepción o fiesta de boda se realiza en el mismo lugar que la ceremonia religiosa, ya sea en un salón adjunto o al aire libre.

Lunch

Es un aperitivo ofrecido con anterioridad a una comida o una cena. Actualmente, es usado en las bodas. Puede estar dispuesto en mesas y bandejas previamente preparadas, sirviéndose los comensales o puede contarse con camareros y mozos que irán circulando ofreciendo la comida y la bebida en bandejas, retirando los platos de las mesas, además de los cubiertos, vajilla y cristalería utilizados. También puede contarse con el servicio de *sommeliers* (especialistas en bebidas).

Sirve de introducción a otro de mayor envergadura, tienen una duración de 45 minutos aproximadamente. Es un paso previo muy útil para que los invitados conversen y se conozcan entre sí.

Cocktails

Es la forma menos complicada para recibir. Generalmente tiene un horario fijo de duración: de 19 a 21, aunque también podemos realizarlos al mediodía entre las 12 y las 13:30, aproximadamente. A la hora de elegir vestuario deberemos tener en cuenta la importancia del evento y la hora de realización.

Es necesario disponer como mínimo dos mesas principales. Una en la que suele colocarse la comida, y en la otra se dispone toda la bebida así como la cristalería, vajilla y servilletas. También es habitual contar con una mesa de apoyo en la que se depositan las copas y elementos usados.

La duración es de 1 hora y media, aproximadamente.

Recepción

Se realiza a la misma hora que el cocktail, pero dura más tiempo. El menú es más completo, por eso se puede presentar en la mesa fuentes con bocaditos, *buffet froid*, etc.

El buffet puede tener tres tipos de servicios:
1. Los invitados se sirven solos o se cuenta con mozos y camareras. Estos se ubican detrás de la mesa.
2. Los invitados se sientan en mesas y los platos les son servidos por mozos.
3. Los invitados se ubican en mesas y se levantan para servirse.

A diferencia de otro tipo de comidas, como el lunch o el cócktail que se está de pie, en un buffet los invitados deberán sentarse.

Si no se cuenta con la asistencia de camareras o mozos, es importante poner cubiertos para servirse de las bandejas.

El problema de la circulación de los comensales a la hora de servirse se soluciona al colocar las mesas pegadas a la pared y comenzando por el lado izquierdo, desplazándose hacia la derecha. Por lo contrario, si la mesa se encuentra en el centro (en forma de isla), se debe empezar por la derecha e ir hacia la izquierda para completar toda la vuelta. Las servilletas y cubiertos indican el punto de inicio del buffet.

Cena

El horario de comienzo suele ser entre las 21 y las 22 hs., la duración puede ser entre dos a tres horas.

En algunas bodas, el servicio de cada plato se encuentra interrumpido por momentos de baile. La entrada, el plato principal y si lo hubiera, el plato secundario, deben servirse uno a continuación del otro, atendiendo a que los invitados cuenten con un tiempo prudente para que conversen o disfruten de un pequeño video.

Si se desea acompañar la cena con música, ésta debe ser suave, creando un clima agradable.

Brindis

Es habitual que en algún momento de la fiesta, se realice un brindis por los novios. En ese momento éstos se pondrán de pie, indicando que las conversaciones de las demás mesas deben finalizar. Si la comida es íntima o de carácter informal pueden sentarse. El novio agradecerá el brindis en nombre de ambos.

Cuando la fiesta es de rigurosa etiqueta los novios se pondrán de pie, al igual que el resto de los comensales, para levantar sus copas y beber un sorbo de champagne.

Para realizar el brindis hay que buscar la mirada de los homenajeados, elevar la copa algunos centímetros y hacer una breve inclinación con la cabeza, luego se mirará a los comensales con los que se comparte la mesa, levantando unos centímetros la copa hacia la izquierda y hacia la derecha. No es elegante chocar las copas o decir "chin chin".

No se tomará asiento hasta que los novios lo indiquen, al dejar las copas sobre la mesa.

Discursos

Los discursos pronunciados en comidas y banquetes, durante el brindis en una fiesta de bodas, tienen ciertas normas protocolares.

El desarrollo de este discurso es:
- Se saluda y da la bienvenida.
- Luego el novio dice unas palabras y da los agradecimientos correspondientes.

Como regla general el discurso debe ser breve, claro y fácilmente comprensible por la audiencia. Estos son algunos consejos a la hora de dar un discurso en una boda:

- Empiece con un saludo a los presentes.
- Trate de no mencionar a todo el mundo, siempre podría olvidarse de alguien y sería molesto.
- El discurso del brindis, sólo es un agradecimiento por lo que no debe extenderse.
- Para atraer la atención, si es una comida, simplemente, de unos golpecitos al micrófono como probando si funciona o quédese de pie en silencio y los murmullos se acallarán.

La vajilla

Al poner la mesa el personal tendrá en cuenta la manera correcta de llevar los platos. Debe hacerlo con la mano izquierda, tanto para el servicio como para retirarlos.

Existen dos formas:
- El pulgar y el índice sujetan el primer plato, dejando deslizar el dedo medio debajo del plato. El segundo plato se coloca sobre la muñeca cubierta con una servilleta de servicio, quedando el equilibrio asegurado por el anular y el meñique.
- Sujetar el borde del primer plato entre el pulgar y el índice y deslizar el segundo plato sobre la palma de la mano, el

plato se mantiene horizontal gracias al dedo medio, el anular y el meñique.

Generalmente los platos hondos se colocan sobre platos playos que se sirven y recogen al mismo tiempo.

El menú

Para elegir el mejor menú de la boda es indispensable tomar en cuenta diferentes factores como horario, invitados y el presupuesto.

1. La hora de la boda.

Dependiendo de esto es el tipo de comida que deberán servir:
a) Desayuno a partir de las 9 hs. de la mañana.
b) Comida a partir de las 13 hs.
c) Brindis a partir de las 19 hs.
d) Cena a partir de las 21 hs.

2. El presupuesto

El presupuesto determinará en gran parte, el menú que ofrecerá. Dependiendo del mismo, podrán decidir si ofrecen un menú de 3, 4, ó 5 tiempos, un buffet o un cocktail y si servirán carne, pollo, mariscos o pescado.

3. El número de invitados

Para elegir el menú deberán saber estimativamente el número de invitados que tendrán, para que esté dentro del presupuesto y para escoger aquellos que sean servidos como debe ser, ó sea tomar en consideración el tiempo que se tardará en servir. En el caso de que la boda sea un cocktail y ofrezcan bocadillos o canapés, deberán calcular salados (entre 6 y 8 por persona) y dulces (entre 2 y 3 por persona). Si se trata de un buffet deberán elegir una variedad de alimentos para los gustos de todos los invitados.

4. Variedad ante todo

Lo importante al momento de elegir el menú para la boda es pensar en la presentación y en cómo lucirá, eso es lo que hará de la boda algo original y sobre todo inolvidable pensando también en los invitados.

5. Dejar a un lado lo sofisticado

No es necesario irse a los extremos para que el menú se luzca, como elegir algo exótico o extravagante, porque el resultado será que nadie lo comerá. Es importante pensar en el gusto general, con una forma original de cocinarla y presentarla.

6. De la vista nace el amor

Cuando vayan con el chef para decidir el menú antes de hacer su prueba, pídanle que les muestre fotos para que vean si les agrada visualmente la presentación de los platos. Tal vez el nombre sea atractivo pero en el plato puede resultar totalmente distinto. Estos detalles harán que a sus invitados se les abra el apetito. Piensen siempre si a ustedes les agradaría.

7. Verificar el lugar y la época

Si la boda es en la playa se puede aprovechar y servir algún menú marino, como ensalada de mariscos, o un cocktail en lugar de consomé, y si se ofrecen bocaditos pueden ser camarones, caviar, empanaditas de atún, etc. Si la boda se celebra en época de frío es recomendable dar algo caliente. Si se efectúa cercana a una fecha patria, entonces se puede convidar el menú típico de la región. Si se hiciera en época de calor o en un lugar de temperaturas elevadas los tragos frescos serán siempre bienvenidos.

8. El estilo de la boda

El menú puede estar basado en el estilo de la boda elegida. Dará una pauta para decorar el lugar de la recepción de la misma forma. Y si la fecha de la boda está cercana a un día festivo, se puede ambientar y servir platos para la ocasión.

9. El alcohol

Dependiendo del menú que quieran servir, será la bebida que deban ofrecer. Por ejemplo, en un banquete de 3, 4 ó 5 tiempos estará muy bien acompañarlo con vino blanco o tinto, y durante la fiesta bebidas largas.

Para un cocktail, vino o champagne. Muchos de los factores que se aplican a la comida, también son indicados para las bebidas, como el tipo de boda, la hora, la estación del año, el lugar, las características de los invitados y el presupuesto.

Outlet bar

En una entrevista realizada por el Diario Clarín de Buenos Aires se comenta una innovadora propuesta que surgió hace unos pocos años: el outlet bar. Una solución que las principales bodegas ofrecieron a los novios que quisieran comprar vino, champagne, whisky u otra bebida para su boda.

Comenzó poco a poco, primero ofreciendo buenos precios, entrega sin cargo en cualquier parte del país, devolución del dinero de las cajas que hayan sobrado y el pago con tarjeta de crédito en cuotas y sin interés. Luego, se fueron agregando otros servicios como el congelamiento de precios varios meses antes del evento y lo más importante el asesoramiento para los novios. Tener en cuenta la dinámica que se le quiere imprimir a la fiesta, la época del año, la duración y saber escuchar el deseo de la pareja, se puede recomendar con poco margen de error cuántas cajas se necesitan comprar. También es importante una buena coordinación y organización entre los profesionales que actuarán para el éxito de la velada.

Principios del servicio en general

- Servir la fuente por el lado izquierdo del comensal.
- Para cambiar el plato, retirar el sucio por la derecha y colocar el limpio por la izquierda.
- Las fuentes de comida pueden pasar dos veces, excepto la sopa, la ensalada, los quesos y las frutas o entradas que ya vienen servidas en copas o platos.
- Antes de servir el postre se tendrá que retirar todos los complementos de la mesa.

Para servir los vinos:

- Cuando en una comida se beba sólo una clase de vino, deberá escogerse el que vaya bien con el plato principal. Un vino sencillo de cuerpo y grado alcohólico.
- Para las comidas sencillas, sin carnes, salsa, ni presas de caza van bien los vinos blancos, que también son apropiados para el pescado y mariscos.
- Los vinos ligeros se tomarán antes que los vinos de cuerpo, y los frescos antes que los consumidos a temperatura ambiente.
- Los vinos blancos son preferibles en primavera y verano con las comidas ligeras. Los tintos de mucho cuerpo y grado se degustarán desde el otoño hasta la primavera.

- Una comida perfecta constará de tres vinos, uno blanco o rosado para las entradas y el pescado, y los tintos para los platos fuertes.
- El vino seco se toma al comienzo de la comida. Los abocados y dulces al final.

La torta

El tamaño de la torta

Existen varias opciones para escoger el tamaño de la torta de bodas, el factor más importante es el número de invitados a la fiesta. A partir de eso se puede calcular la cantidad necesaria, además de las características de los invitados, el tipo de evento y si se desea que sobren porciones para llevar a la casa o repartirlas.

Por ejemplo: si son 250 invitados se calcula que unos 100 comerán de la torta. Es un hecho que no todos lo hacen cuando el menú de la boda es muy extenso. Por lo tanto en este caso la torta deberá ser para 150 personas. Otro elemento a considerar es el estilo de la boda, si es formal la torta debe ser más pequeña, y en una boda informal es un poco más grande.

El sabor de la torta

Es algo básico, porque no sólo debe ser agradable a la vista sino que también al gusto. Lo recomendable es solicitar una degustación en la confitería y nunca comprarla sin haberla probado antes, salvo que sea por recomendación de un familiar o del *Wedding Planner.*

El estilo

Se refiere a la tendencia, moda del momento, además del gusto de los novios. Sólo ellos decidirán cómo se verá la torta de bodas.

Exigen mayor cuidado para su elección ya que son grandes protagonistas de la fiesta, no sólo se pueden mirar, sino también saborear.

En dónde se encargará

Las recomendaciones y experiencias vividas por los amigos y familiares en bodas anteriores son una muy buena referencia. Y mucho más aún las sugerencias del *Wedding Planner*.

Si se participa de una boda donde la torta ha sido muy buena, será apropiado informarse con la novia de esa fiesta acerca de la atención y servicio que le dieron en el lugar. Antes de realizar la contratación, siempre se deberá probar una o dos tortas más.

Las confiterías deben ofrecer una degustación y cotización sin costo ni compromiso de compra.

Se debe comprar en lugares establecidos y con amplia experiencia, ya que ofrecen un sólido respaldo y nos evitarán pasar malos momentos. Si se visita a particulares se les debe pedir referencias de anteriores novias que compraron lo mismo que se desea. Es esencial tener cuidado con las personas que utilizan sólo catálogos o imágenes ajenas. Decorar una torta no es sencillo y pueden conllevar a desagradables sorpresas.

Volverse detallista y observador y tomar en cuenta los consejos antes mencionados, sumará tranquilidad a los novios.

Otras consideraciones

Además de los puntos mencionados en capítulos anteriores sobre la etiqueta y el protocolo de la boda, se debe considerar que:

- El menú del banquete estará de acuerdo a la estación del año.
- Debe ser selecto y abundante, precedido de un aperitivo con surtido de bebidas.

- Está formado por tres o cuatro tiempos acompañados de vino blanco o rosado primeramente, y luego tinto ajustándose el menú. Acompañan la torta de bodas, los licores o bien café.
- Hay una variedad de opciones a la hora de elegir el menú del banquete, canapés, tablas de quesos, buffet froid, etc., ya hemos dicho que la elección del mismo dependerá del estilo de la boda, así como del presupuesto con que se cuente.
- La comida o cena no debe durar más de dos a tres horas, aunque esto es muy variable.

Los vinos y las comidas recomendadas
- El jerez acompaña la sopa o el consomé.
- El vino blanco para pescados y mariscos.
- El vino tinto complementa carnes rojas.
- El vino rosado, al igual que el blanco, para carnes blancas tales como pollo, conejo y pavo.
- El vino dulce o moscatel es ideal para tapas o *bruschettas* informales.
- El *sake*, es una bebida típica japonesa, ideal para esas comidas.
- El whisky para el final de la boda.
- El champagne o vino blanco dulce es ideal para los postres, aunque pueden estar presentes desde el inicio de la fiesta.
- Los licores y vinos dulces frutados se reservan para después de la comida como digestivos.
- La cerveza en comidas con salsas picantes es muy informal.

Servicios

Aquí transcribimos algunas sugerencias muy originales para los menúes y el servicio de bebidas extractadas de una nota periodística:

Catering con menúes originales

Sushi, picadas, *finger food* y paellas son algunas de las propuestas para deleitar a los invitados.

Comidas

Picadas. Una entrada especial, con 40 variedades de quesos (untables y duros), selección de fiambres y panes caseros. Además, ensaladas. Todo con un diseño especial.

Otra propuesta con onda artesanal es la picada con ahumados (jabalí, salmón rosado, búfalo, conejo, ciervo), quesos (de cabra, de oveja, ahumado), encurtidos (espárragos verdes, corazones de alcauciles, aceitunas griegas) y variedad de mousses, todo sobre tablas con originales diseños.

Sushi, con entradas típicas, como los rolls de kanikama, palta y pepino, de salmón y queso o de salmón, pepino y mango, langostino, espinaca y omelette. Además, niguri de atún, salmón, pulpo, lenguado y pez de limón, y sahimi de atún, salmón y chernia y acompañamientos (pickle de jengibre, omelette, julianas de nabo y salsa de soja).

Finger food. Para comer sin cubiertos. Entrada con bocaditos fríos y calientes, pinchos, bruschettas (tarteletas de salmón ahumado, soufflés de queso con almendras, salchichitas envueltas en panceta.

Plato principal: lomo Strogonoff, pollo a la almendra, (crêpes de champignones y pollo a las finas hierbas). Crocante de hojaldre relleno con lomo en salsa de hongos, salmón grillado con salsa de limón y lonjas de cordero patagónico. Mesa dulce.

Otra opción es: ensaladas en vaso (waldorf, de quinoa y radichio), bocaditos fríos, tibios y calientes (bolitas de sushi; bruschettas de brie, rúcula y salmón ahumado; pollo frito crocante, cazuelita de curry de pollo o de lomo Strogonoff; bolitas de queso y oliva), mesa de postres con degustación de chocolates.

Solo con tenedor. Recepción con trufas de queso de cabra, scons de queso azul y selección de pinchos; plato principal, rissotto del bosque, fricassé de pollo con arroz, baby beef sobre risotto crocante y postre con mousses, tiramisú, mini tarteletas.

Cocina patagónica. Recepción con bocaditos fríos y calientes (mini brochette de ciervo, roulade de trucha y salmón ahumado) y fondue de quesos; entradas: copas de langostino o camarones, triángulo en masa phila de salmón con crema de espárragos); plato principal (trucha a la crema de limón y azafrán con papas al romero, ciervo con cebollitas bebé braceadas) y postre (flan de frambuesas con fina salsa dulce o terrina de frutos del bosque).

Sabores asiáticos. Satay de lomo de pollo al Tandori con leche de coco, langostinos crujientes envueltos (recepción); corvina en su piel, wok de lomo de pollo al curry (entrada) y ensalada tibia sobre hojas verdes, torre crocante azteca de pollo (plato principal) y tortitas de coco con crema de naranjas y helado envuelto en cacao amargo (postre).

Menú mexicano. Nachos, quesadillas, palitos saborizados, enchiladas, tacos, fajitas, burritos, salsas, acompañamientos y bebidas. Como opcional se puede agregar postre, barra tropical y café.

Cocina mediterránea: variedad de tapas, pinchitos, bocaditos, pinchos de carne, pollo y vegetariano; cerveza, gaseosa, jugos y agua mineral.

Cocina española. Recepción: tapeo con productos españoles artesanales y especialidades en pescados marinados. Plato principal: elaboración a la vista de paella valenciana, con dos diferentes guarniciones.

Panes saborizados, grisines y bruschettas. Postre: helados y mesa con frutas de estación. Caseritos de jamón y queso, bocaditos de papa, bohios de espinaca y tarteletas de champignon.

Show de pastas (selección de dos pastas artesanales: ñoquis tricolor y bombón de ricota y espinaca, con flambeado de ocho salsas). Postre: pirámide helada de crema americana, merengue y coulis a elección.

Otra de las propuestas incluye una entrada y postre similares pero con un show de pizzas, elaboradas y cocinadas a la vista de los invitados.

O bien, entrada con variedad de bruschettas: capresse, berenjenas y mozzarella, anchoas y tomates, morrón y mozzarella, y champingnon y mozzarela. Plato principal: pizza libre de quince diferentes gustos (napolitana, calabresa, capresse, margarita, fugazetta, fugazza, fainá, champingnones, anchoas y light, entre otras.

Postres

Mesa dulce con tortas lemon pie, rogel y tiramisú. Además, gaseosas, cerveza y brindis con champagne

Fondue de chocolate. Una fuente en forma de cascada con tres sabores de chocolate: semiamargo, con leche y blanco. Además, variedad de frutas frescas y secas, y dulces.

Bebidas

Cerveza artesanal. Barras rústicas, hechas con troncos de madera a la vista, ofrecen la posibilidad de disfrutar una cerveza helada.

Barras temáticas. Barra con tragos de diferentes estilos. Por ejemplo, mexicana (una carta con tragos a base de tequila); caribeña (con, daiquiris y caipirinhas) o menú burbuja (con tragos a base de champagne). Se calculan seis horas de servicio.

Barras móviles. Se instalan en el lugar del casamiento con variedad de tragos y cocktails.

Extractado de Diario Clarín
Especial Novias, 26-09-07

Capítulo 6

Elección de la sede. Ambientación

Ambientación, para tener en cuenta en el momento de elegir la sede

La tendencia y los clientes generan cambios. La demanda ya no se limita a la decoración de las mesas, ahora se crean "ambientes", climas, que se logran con el "todo", desde el primer golpe de vista en el espacio con el que toma contacto el invitado, luces que tiñen de colores jardines o entelados, velas que transmiten calidez hasta lograr un ambiente descontracturado como en un living o sala de estar hogareña. La tendencia actual incorpora texturas, elementos que interactúan con el invitado provocándole sensaciones. Estas son algunas de las propuestas de hoy, además de continuar vigentes las fiestas temáticas, monocromáticas.

La preocupación principal es el espacio para que después del armado, el invitado se sienta cómodo. Crear ambientes con telas, incorporar objetos de arte, sillones y lugares de descanso, fuentes y ofrecer comida tipo *"finger food"*, ayudan a darle otras sensaciones al momento. La tendencia es una fiesta que refleje la personalidad de los novios y por supuesto de acuerdo a las características del lugar donde se va a desarrollar la misma.

Al comentar el uso de velas hay que tener sumo cuidado de que no entren en contacto con telas, o elementos que puedan incendiarse. Existen en la actualidad infinidad de opciones (fanales, candelabros cerrados, lámparas de aceite, etc.) para que el uso de velas sea totalmente seguro y controlado.

De todas formas, se deberá instruir al personal de servicio acerca del uso y ubicación de los matafuegos del lugar.

Eligiendo la sede

Esta será una de las primeras decisiones que se tomarán para la realización de la boda. Es importante considerar los siguientes detalles:

1. **El presupuesto:** es esencial que la elección del lugar esté en relación a lo que se desee gastar en la boda, se deben tener en cuenta varias opciones. Estudiar bien qué es lo más conveniente si efectuarlo en un salón, en la playa, en una quinta, estancia, etc.

2. **El estilo de la boda:** si es formal o informal, si el servicio gastronómico está organizado como buffet, cocktail, etc., si se inclinan por una boda temática.

3. **Facilidades:** qué opciones ofrecen los diferentes lugares donde se podría realizar la celebración. En el caso de que sea en las afueras de la ciudad, ver si los accesos para los proveedores e invitados son viables.

4. **La ubicación:** es mejor que sea una zona conocida y principalmente que esté cerca de donde se realiza la ceremonia religiosa.

5. El clima: si la fecha del casamiento es inamovible, deberán pensar en un lugar que se adecue a esa época del año. Ej.: estación lluviosa, un salón cubierto.

6. El espacio: es fundamental que el lugar sea amplio para las mesas de los invitados, la mesa de honor, la ambientación, la pista de baile, el área para el grupo musical u orquesta y además debe quedar espacio para circular. En el caso de que se decida realizar un buffet también se tendrá en cuenta dónde irán las mesas.

7. El horario: el costo de la recepción se eleva dependiendo del número de horas que dure. Hay lugares que tienen un horario límite establecido para las fiestas, la mayoría comprende entre 7 y 9 horas, incluyendo la llegada y salida de los invitados.

8. Otros aspectos: deben chequear la capacidad de los baños, la limpieza, las instalaciones, la iluminación del mismo, si tiene valet parking o estacionamiento y seguridad. Si cuenta con grupo electrógeno propio o se debe alquilar especialmente, si ofrece diferentes paquetes y alternativas de contratación, qué incluyen éstos, si tiene guardarropa, etc.

Algunos lugares donde pueden realizar su boda:

1. En un salón de fiestas.
2. En un hotel.
3. En la playa.
4. En un centro de ski.
5. En un restaurante.
6. En el jardín de una casa.

7. En una embarcación, yate o crucero.

8. En una estancia o casa de campo.

9. En una carpa.

10. En un penthouse o terraza de un edificio alto con una importante vista panorámica.

11. Alrededor de una piscina.

12. En un *club house.*

Sedes y salones

La elección de la sede de una fiesta de bodas dependerá de una serie de condiciones que se interrelaciona con su magnitud y objetivos.

La elección de la sede

En primer lugar debemos evaluar algunos aspectos vinculados al entorno y la seguridad, como:

Accesos:
- Áreas restringidas.
- Para los invitados en general.
- Para personas con capacidades diferentes.
- Para el personal.
- Estacionamientos.
- Accesos y salidas para emergencias; bien señalizados y apertura rápida de puertas.
- Armado, desarme y guarda de elementos. Caracteres de áreas residenciales.
- Cerramientos periféricos.
- Consideración de problemas acústicos y control previo de instalaciones para sistemas de sonido.

- Construcción de áreas o sectores para el servicio de comidas y bebidas, así como instalaciones interiores y/o exteriores.

Además la correcta elección de la sede depende de:
- La ubicación.
- Las dimensiones de las diferentes áreas.
- La limpieza del lugar.
- Las comodidades (sistemas de calefacción o refrigeración).
- La accesibilidad (rampas de acceso para discapacitados, escaleras amplias, etc.).
- Seguridad.
- Estacionamiento: propio o cercano. Si los invitados debieran dejar el auto estacionado en los alrededores del salón tendremos en cuenta la disponibilidad de garajes privados en el área o personal de seguridad que se ocupe del cuidado de los vehículos.

En cuanto al salón comedor debemos tener en cuenta:
- Capacidad, tipos de mesa (para los invitados, los novios y padrinos), aire acondicionado, audio y video, iluminación, acústica, equipos extras, generadores, seguridad.
- Realizar un plano de ubicación, para que los invitados puedan acomodarse en las mesas designadas con facilidad.
- Establecer un cronograma para el desarrollo de la fiesta de boda, donde se estipulen los horarios (ingreso de los invitados, de los novios, servicio de los distintos platos o buffet, etc.).
- Confeccionar un diagrama con pasillos de circulación comunes.
- Disponer de un espacio suficiente para la circulación del personal de servicio al momento de asistir a los invitados.
- Verificar la seguridad: control de matafuegos, servicio médico, salidas y luces de emergencia.

Relevamiento de la sede

Se sugiere concurrir a la sede con una cinta métrica para verificar:
- Superficie.
- Mesas. Formato. Diámetro. Cantidad.
- Espacio para la recepción.
- Pista de baile.

Luego evaluar:
- Mobiliario fijo.
- Iluminación.
- Disponibilidad de tomacorrientes.
- Seguridad.

Además debemos realizar el relevamiento de sectores específicos, como la cocina, en la que verificaremos el funcionamiento, la ubicación, la cantidad y la calidad de los siguientes elementos:
- Hornos.
- Parrillas.
- Anafes (altura de la llama).
- Freidoras.
- Cámara frigorífica.
- Heladeras.
- Freezer.
- Enfriador de bebidas.
- Bachas.

En una fiesta de bodas, el servicio gastronómico es uno de los principales aspectos que debemos contemplar. Debe ser rápido y eficiente, para eso se tendrán en cuenta las dimensiones y la capacidad de almacenamiento.

Por último es importante controlar la disponibilidad y buen funcionamiento de:
- El agua (factor muy importante).
- Extractores de humo y olores.
- Capacidad energética.
- Grupo electrógeno.
- Luces de emergencia.
- Refrigeración y calefacción.
- Baños: Cantidad. Limpieza. Se calcula un baño cada 40 personas.
- Guardarropa.
- Seguridad.

Las sillas

Las sillas también son parte de la decoración. Pueden estar forradas con una funda cubre silla o no.

Un punto muy importante para lograr que la boda sea más vistosa y elegante son las sillas, la decoración o bien los colores de los manteles y la vajilla, deben tomarse en cuenta. Lo importante es que las sillas contrasten o combinen con la ambientación además de ser cómodas. Las fundas pueden tener algún adorno como un moño o una flor, o simplemente ser lisos.

Las mesas

Por lo general se decoran con las mismas flores que utilizan para los centros. Si fuera una mesa larga, los arreglos de honor son más extendidos y normalmente tienen diversas formas. Lo más importante a tener en cuenta es que dichos arreglos no contengan flores muy aromáticas ni que su altura incomode la visión de los invitados que se encuentren enfrentados.

Características de la sede

La sede seleccionada para llevar a cabo la Boda deberá contar con:

- Área de acreditación: ésta debe estar ubicada en el ingreso a la recepción o salón comedor.
- Sala donde se realizará la recepción de los invitados.
- Salón Comedor.
- Área para la Pista de Baile: dependiendo de las dimensiones del salón comedor y la magnitud del evento este sector puede ser independiente o no del área destinada como comedor. A veces se reacondiciona el sector que se ha utilizado para la recepción de los invitados; otras ocupa el sector central del salón, en las fiestas de mayor magnitud suele tener su propio salón. Muchas veces, una vez finalizada la cena, se sacan las mesas utilizadas y ese sector se transforma en pista de baile.
- Área para el equipamiento técnico: consolas de música, iluminación, micrófono, proyectores, etc.
- Sala VIP: cuando se realiza la fiesta en los salones adjuntos donde se ofició la ceremonia religiosa, los novios deben tener un sector privado en el que puedan descansar mientras los invitados ingresan a la Recepción.
- Sala de gastronomía: para el servicio de la Recepción y del Salón Comedor.

Si durante la fiesta hubiera un espectáculo, deberíamos contar con espacio para el armado de:

- Camarines o vestuarios.
- Depósito para guardar elementos decorativos o escenografías.
- Tarima, escenario o área delimitada para la actuación.

Si se acondiciona una casa particular, habrá que evaluar:

- El espacio: deberá ser acorde a la cantidad de invitados y tipo de comida que se sirva.
- La cocina: se cuidará la higiene y organización de la misma. Deberá contar con los utensilios necesarios para la elaboración del menú.
- Hornos: se controlará su buen funcionamiento y capacidad.
- Heladeras: serán lo suficientemente amplias como para refrigerar las bebidas y los alimentos que así lo requieran.
- Mobiliario: será acorde al tipo de comida, si los invitados permanecerán sentados o de pie, y a la disposición de las mesas, etc.
- Mantelería: deberá estar limpia y sin marcas del doblez del planchado.
- Servicio: deberá ser suficiente para todos los invitados, cuidando la higiene y el estado del mismo.

Cuando elegimos una sede para la realización de una boda debemos tener en cuenta las características del área (cubierta o descubierta) y el uso que podemos darle a cada una de las mismas.

También debemos contemplar la necesidad de uso de carpas, las cuales nos permiten realizar bodas al aire libre sin depender del clima y es un modo de ampliar el espacio con el que se cuenta.

El confort puede equipararse al de cualquier salón, ya que hoy en día se alfombran, se entoldan y climatizan, se decoran a gusto, con todo tipo de formas y estilos. En ellas pueden armarse cocinas, baños, guardarropas, salón para el banquete, o un ámbito de baile y lugares de recepción.

Es importante alquilarlas a empresas reconocidas, calcular el tiempo de armado y desarme, tener en cuenta la ubicación de tomacorrientes, sanitarios, etc.

Tenemos que pensar que el lugar elegido condiciona, marca un nivel. Siempre la sede tiene que ser acorde al tipo de boda que organizaremos y cumplir con los requerimientos necesarios. La ubicación, el estilo de la construcción, la decoración y hasta el equipamiento estarán relacionados.

Elegimos la sede. ¿Y ahora?

Una vez elegida la sede, también deben analizarse los siguientes aspectos:

- Reglamentaciones municipales (habilitaciones, seguros, impuestos, etc.)
- Protecciones contra incendios.
- Posibilidad de controles y de la vigilancia.
- Cubiertas y techados; inflables, carpas, toldos rígidos.
- Ruidos molestos: propios o ajenos. Verificación previa del sistema de sonido.
- Accesos con mal tiempo (calles asfaltadas o de tierra).
- Iluminación exterior de alrededores: facilidades para carga y descarga.
- Refuerzo de instalaciones sanitarias.
- Instalación y mantenimiento de plantas y flores.
- Facilidades de accesos para elementos pesados o voluminosos.
- Instalación de cascadas artificiales.
- Servicios de limpieza y recolección de basura en general (antes y después de la fiesta).

Los Sí y los No de cada lugar para efectuar una boda:

a) Estancia, quinta o finca

SÍ

- Por la decoración de las paredes de piedra y los arcos o virtudes arquitectónicas que poseen.
- Las flores y las velas hacen lucir a estos lugares dándoles un toque romántico.
- Se presta para hacer una boda temática.
- Es ideal para las bodas que tienen niños pequeños.
- Permite hacer una boda de día o de noche.
- Las grandes dimensiones permiten recibir muchas personas, vehículos y generar distintos espacios.

NO

- Si son muy alejados o de difícil acceso. Se deberán contratar servicios especiales de transporte para trasladar a los invitados.
- Generalmente, cuando están lejos de la ciudad los honorarios y precios de los proveedores contratados son más altos por tener que desplazarse.
- Si llegara a llover podría haber anegamientos tanto en los caminos como en los lugares preparados al aire libre.
- Ante una emergencia, los servicios de urgencia demoran más en llegar.

b) Salón de fiestas o de un hotel

SÍ

- Al ser cubiertos, es válida para todas las estaciones del año.
- Admite que se realicen celebraciones tanto de día como de noche.

- Brindan paquetes y programas de promociones para novios, que pueden incluir la noche de bodas, cuentan con tarifas especiales para los invitados que deseen alojarse, además de las cortesías para los padres.
- Es más adecuado para una boda formal.
- Pueden adecuarse distintos espacios de acuerdo a la cantidad de asistentes.
- Los requerimientos técnicos suelen estar contemplados (por ej. capacidades energéticas).
- Suelen tener todos los servicios contemplados (camareros, limpieza, seguridad, etc).

NO
- Sus horarios son fijos e inflexibles.
- El servicio puede ser más costoso.
- El grupo musical o banda en vivo puede tener complicaciones a la hora de encontrar la mejor ubicación.
- Puede haber otro festejo en simultáneo en un salón contiguo.

c) Jardines o parques

SÍ
- Es un ambiente más natural que brinda gran variedad de posibilidades en cuanto a la decoración e iluminación de árboles, antorchas, fuegos artificiales, fuentes, etc.
- Se adapta para una boda formal o informal.
- Se presta para realizar bodas de estilo.
- Apto para celebraciones de día o de noche.

NO
- Si es una casa particular, podría haber problemas con el estacionamiento o con los vecinos.

- Si el suelo está desnivelado, efectuar el montaje de las mesas es más complicado.
- Se requerirá una carpa ya que el clima es un factor a tener en cuenta.

d) En la playa o fuera de la ciudad

SÍ
- El entorno crea un clima romántico.
- El menú puede ser original y diferente.
- Gran cantidad de hoteles de playa. Algunas ciudades más pequeñas brindan equipamiento y facilidades para realizar la boda.
- Los invitados pueden aprovechar para descansar o bien hacer más larga la fiesta.

NO
- Deberán hacer varios viajes para contratar proveedores de la zona y evitar mayores costos.
- No todos los invitados podrán asistir ya que el viaje significará un costo extra para algunos.
- Dependen en gran manera del clima para que la boda salga como fue planeada.

El sello de un estilo

Dos de los ambientadores de fiestas más reconocidos del país cuentan sus propuestas para un casamiento inolvidable. Además, revelan los pedidos de sus clientes más famosos y las tendencias de la temporada.

De alto impacto son los espacios creados por el multifacético Martín Roig. Es que este ambientador, escenógrafo, vestuarista, músico (de formación rigurosa en el Conservatorio) jura que no soporta la indiferencia que causa un ambiente neutro. Y esta aversión estética aparece clara en la contundencia de sus "obras", eso que él llama "arte efímero": la decoración de fiestas, una superproducción intensa pero de corta vida, fugaz.

"Es obligatorio para el artista correr riesgos. Generar una movilización en el público; así entiendo mi trabajo", apunta en una entrevista con Clarín Mujer en un lugar emblemático de Buenos Aires, el Viejo Almacén. La tradicional tanguería de Edmundo Rivero, que a comienzos de este año fue renovada estéticamente por Roig, y donde el mes próximo estrena un show del cual es escenógrafo y vestuarista.

Detrás de escena

Martín es uno de los ambientadores top de la Argentina: tiene alrededor de 80 eventos por año y casi 25 personas trabajando con él. "La gente que me contrata quiere un Roig auténtico, un original", comenta con la autoestima de un artista en su mejor momento. Y se comprende tanta seguridad cuando se indaga en el perfil de sus clientes: famosos, empresarios y anónimos (obviamente, con un par de billetes). Bien heterogéneo. "Voy por distintos mundos pero siempre mantengo mi identidad", agrega. Hoy es el elegido para decorar tanto las fiestas de la princesa Máxima como el casamiento de María Eugenia Rito (que se hace este viernes en La Rural para

600 personas). ¿Otros famosos que confían en su estética glamorosa? Puso su sello personalísimo en las bodas de Florencia Peña, Martín Palermo y Hernán Crespo. Y por estos días, se encuentra con Nancy Dupláa y Pablo Echarri para diseñar el gran casamiento de la farándula del 2007 que será el 10 de febrero en el Tattersall. "Ellos son simples, sumamente agradables y quieren un casamiento cool —anticipa—. Con espacios muy libres para que la gente se mueva sin obligarla a nada. Quieren que la gente se sienta cómoda, como si fuera la casa de Echarri y Dupláa. Eso desea transmitir. Se van a ver muchas barras, sillones enormes, mesas altas. Va a ser, fundamentalmente, una fiesta de amigos. ¿Qué me inspiran ellos? Calidez y elegancia, sin duda. Me dieron piedra libre para crear". El sello de este ambientador se exhibe en una iluminación de grandes efectos, géneros suntuosos (mucho terciopelo, por ejemplo), el mix del color negro con un rojo intenso, arañas de cristal, algunos toques retro: objetos llamativos rescatados del tiempo por los anticuarios de San Telmo. "Me dan cosas maravillosas. Lo mío es un mix de estilos pero, sobre todo, es glam", define. Y, al rato, cuenta sin complejos que marcó y sigue marcando tendencias en el mundo de las fiestas. "Yo impuse las pistas de baile rectangulares, las mesas de distintos formatos, las bolas de espejos; todo muy Roig", subraya.

En tren de marcar su estilo y regalar algunas claves para los novios, Martín dice que en el verano la triple alianza de verde, turquesa y blanco es una excelente opción para una fiesta de casamiento. Y también agrega que todos los elementos deben ser funcionales. "No se puede sentar a la gente a comer con platos y cubiertos en mesas bajas de living. No van a estar cómodos, no van a disfrutar". Además, asegura que se deprime cuando ve como centro de mesa, un bowl con una yerbera. "Me aburre, no tengo nada contra esa flor, pero es un recurso tan gastado —opina—. Igual que los caminos para las mesas. Yo creo que si alguien contrata a un ambientador para su casamiento, tiene que encontrar cierto vuelo artístico en la puesta, cierta sorpresa", dice.

Para Martín el secreto de la fiesta es que los novios estén dispuestos a disfrutar. "Que se conecten con el canal del placer—sugiere—. Siempre pueden ocurrir imprevistos... Una vez pasó que una novia, cuando vio la torta de bodas, se puso mal porque el color del fondant no era del mismo tono que ella lo había pedido. Por ese motivo se arruinó la fiesta. Si los novios lo pasan mal, todos lo pasan mal. Y un último consejo: no siempre más es mejor, a veces, es sólo más. No siempre cuando se gasta más dinero, es cuando mejor sale una fiesta". Palabra de experto.

Por Dolores Vidal

Diario Clarín, 26-09-07

Las flores en la boda

Al elegir las flores para el ramo, centros de mesa y decoración; comience por seleccionar aquéllas que siempre le gustaron. Asegúrese de que combinen con el estilo que usted desee, y luego, que el color, precio y época del año sea el conveniente.

Trabajando con el ambientador

El término "ambientador floral" se refiere a cualquier persona desde un vecino, dueño de un negocio, a un diseñador, que se dedica a cada detalle que involucra a la decoración. Si usted desea encargarse de esta tarea (se indica que solamente lo haga si posee experiencia en el tema o tiene la posibilidad de recibir ayuda), se aconseja consultar a un profesional que se encargue de arreglos florales para bodas. Éste le aconsejará y le proveerá de las flores que quizá no estén a su disposición.

Si debe entrevistar a un ambientador, sea sincera respecto a su presupuesto al estilo que usted prefiera. Prepárese y esté informado: sepa la cantidad de invitados que asistirán, y los arreglos y centros de mesa que serán necesarios. Tenga en cuenta que el ambientador también puede encargarse de la decoración con velas prestando especial cuidado que no entre en contacto con nada que pueda provocar un incendio.

Una foto de su vestido junto con una muestra de la tela que lo compone ayudan a determinar los colores para su ramo y que éstos combinen con su atuendo. El ambientador estimará el precio de los arreglos florales, teniendo en cuenta su presupuesto y ofreciéndole opciones para cumplir con sus deseos. El precio de un profesional varía, al igual que su estilo por esta razón intente entrevistar, al menos, a tres distintos, para decidir cuál se adapta más a lo que usted desea y al presupuesto.

Una vez hecha la elección del profesional, el siguiente paso es cuidar cada detalle. Decida, junto a su ambientador, como desea que luzcan los arreglos. También deberá encargarse de contactar a la confitería en caso que desee flores en la torta de bodas o que sean adornos comestibles pero que combinen con el resto de la decoración.

Durante las semanas previas al evento, asegúrese de que la entrega y el pedido solicitado estén correctamente programados.

Pida con anticipación la entrega si desea tomar las fotografías previamente al día de la boda.

La elección de los colores

Seleccionar una gama de colores que se unifiquen en todos los aspectos de la boda, le dará a la misma un toque de personalidad. Todos los detalles –flores, moños, vestidos, velas- pueden combinar con el resto de la ambientación. Elija su color de preferencia. Mire fotografías, artículos en revistas de decoración y las especializadas en parques y jardines de donde pueda sacar ideas.

Tenga en cuenta la época del año, pues, los colores difieren mucho según la estación. En primavera predominan los colores pasteles; en otoño los marrones; mientras que los blancos y plateados son perfectos para la época invernal.

Si bien no hay reglas acerca de cómo se pueden mezclar los colores, éstos se comportan de manera predecible.

Se encuentran conectados; azul con verde y amarillo con naranja, y se mezclan creando una sutil combinación. Pasar de colores oscuros a claros, pueden crear efectos muy dinámicos. Mientras que los colores complementarios crean una ambientación armoniosa.

Para que la elección del color sea un éxito, se debe tener por lo menos un color neutro.

Capítulo 7

Aspectos de contratación a considerar

Para organizar la boda hay que ponerse en contacto con más de 30 proveedores. Algunos de ellos:

- Decoradores. Le dan un look o sello especial al salón donde se realizará la fiesta. Actualmente sigue vigente el blanco, el estilo minimalista y las luces tenues. Las transparencias y los caminos de gasa en el mismo tono de las flores. Los centros de mesa son otro ítem a tener en cuenta. Hoy se usa el estilo barroco, se imponen los candelabros y los centros muy elaborados.

- La música. Para asegurarse que esté dentro de las preferencias es importante tener una reunión previa con el DJ y acordar qué música desean escuchar los novios y cuál prefieren que no esté presente.
Una idea innovadora es armar una fiesta temática. Con música de los años 60, 70 ú 80, con música electrónica, rock, house o hip hop.

- El auto de alquiler. Se puede optar entre *limousines*, autos clásicos, modernos o carruajes tirados por caballos. El servicio es con chofer e incluye el viaje hacia la iglesia y luego al salón. Los precios son muy variados.

- Cotillón. Muchos comercios ofrecen paquetes o "combos" a precios muy convenientes. Ya vienen preparadas bolsas con globos, cornetas, maracas, silbatos, ideales para un carnaval carioca. También hay cotillón los años 60 con pelucas tipo afro y anteojos extravagantes, o gorros y coloridos sombreros de formas varias. No faltan los motivos futboleros y actualmente son muy buscados los accesorios luminosos.

- Show. Los más pedidos son los bailarines de salsa y merengue, que luego de hacer su número enseñan coreografías y animan la fiesta. Otra opción son las bailarinas de ritmos árabes o los mariachis. Aunque puede existir la posibilidad de contratar a algún cantante famoso o banda reconocida. Los magos o los números cómicos, tampoco son una mala opción al momento de entretener a los invitados.

- Fotos y video. Para recordar los momentos vividos en la boda, existe una gran cantidad de profesionales que ofrecen ambos servicios. Por lo general, se contrata un fotógrafo y éste asegura una cantidad mínima de fotos, que va desde 100 a 1.000 ó más. La cobertura incluye el civil, la iglesia y la fiesta. Los costos varían según el servicio y según el tamaño elegido o la cantidad de cámaras para registrar esos momentos. Previo a la boda, se suele realizar un video con fotos de la pareja en distintas etapas de su vida, primero por separado, y luego ya como pareja, con imágenes de vacaciones juntos, fiestas, etc. Este video es proyectado en el salón el día de la fiesta, previo a la entrada triunfal de los novios.

- Servicio gastronómico: que además del menú incluya café, mesa de postres, desayuno temático al finalizar la fiesta y contemple la realización de esculturas en hielo y caramelo, la barra de tragos y las bebidas alcohólicas.

- Invitaciones: no sólo la impresión, sino también el servicio de envío y recepción (confirmación).

- Vestimenta de los novios: nuevos diseños, telas, colores y accesorios para un día inolvidable. La elección del vestuario es parte de la fiesta, sin embargo deben sentirse cómodos y respetar su estilo.

- Peinado y maquillaje: es fundamental en la estética de la novia, y estará en estrecha relación con el diseño del vestido que llevará, y la altura de su pareja.

- Agencia de viajes: para la luna de miel, traslados, reservas, excursiones, servicios extras contratados.

- *Wedding Planner*: se ocupan de producir y supervisar hasta el último detalle de la fiesta. Desde la ambientación del salón y el catering, hasta acompañar a la novia en las pruebas de vestido y maquillaje.

Claves a la hora de firmar el contrato del salón

Guía de preguntas para contratar el salón de eventos, la estancia, etc.:

¿El lugar es interior, o exterior? ¿Tiene una carpa o toldo por si cambia el clima? ¿Se debe abonar algún adicional en el caso de tener que usarlos?

¿Cuenta con sanitarios adecuados y suficientes o se deben alquilar adicionales?

¿Cuánto cuesta por persona el menú y qué incluye? ¿el precio tiene ya incorporados los impuestos?

¿El menú incluye las bebidas con y sin alcohol y el champagne del brindis? ¿Cantidades? ¿En qué consiste específicamente el menú?

¿El servicio gastronómico contempla la torta de bodas y el desayuno?

¿El precio de contratación del lugar incluye la ambientación, centros de mesa, arreglos florales y sonido?

¿Cuenta con promociones y descuentos para los novios y los invitados que deseen alojarse en el lugar?

¿Qué importe se abona por niños pequeños? ¿A partir de qué edad son considerados adultos?

¿Cuál es el menú para niños? ¿Tienen servicios especiales para ellos? ¿Dónde se ubican?

¿Cuál es la capacidad del lugar? ¿Cuál es el mínimo de invitados que se debe cubrir asistan o no? ¿Y el costo de las mesas adicionales?

¿Cuántas horas están contempladas en la contratación? ¿Cuál es el adicional para las horas extras?

¿El lugar se comparte con otros eventos ese mismo día? Si así fuera, cómo manejan la privacidad y la coordinación para que no haya confusiones.

¿Existen rampas y accesos para silla de ruedas? ¿Baños para discapacitados?

¿Existen restricciones para la contratación de los proveedores? (Exclusividad o acuerdos para el catering, fotografía, video o decoración).

¿El servicio brindado contempla el guardarropa, recepción, atención en baños, seguridad?

¿El estacionamiento es gratuito o tiene algún descuento? ¿Cuál es el cupo del lugar de estacionamiento? ¿Hay otros cercanos en la zona con los que tengan acuerdo?

¿El servicio de seguridad está incluido?

¿Pueden asistir a una prueba de degustación del menú, a escuchar el equipo de sonido y ver cómo se lleva a cabo una fiesta en el salón? ¿Posibilidad de un menú diferenciado para vegetarianos, celíacos o hipertensos?

¿El lugar ha tenido alguna sanción o inconveniente por el tema de la habilitación? ¿Tiene demandas por incumplimiento por parte de los particulares?

¿Con cuánta anticipación se tiene que abonar el 100% del servicio?

¿Cuáles son las consecuencias económicas previstas en caso de cancelación o cambio de fechas?

¿Cuáles son las formas de pago? ¿Con cuánto se reserva? ¿Se congelan los precios al señar?

¿Se puede abonar con cheque o depositar directamente en el banco? ¿A nombre de quién, a qué dirección y número de cuenta y banco?

¿En qué horario atiende la administración? ¿Quién es el responsable del sector? ¿Quién será el responsable de la empresa el día del evento?

Como sugerencia final es necesario tener al menos dos o tres alternativas a los efectos de comparar los beneficios y tomar la mejor decisión.

A continuación detallamos a modo de ejemplo un modelo de contrato de locación.

Contrato de locación de obra – Modelo básico

En la Ciudad de ……………, a los ……… días del mes de ……… del año ………, entre …………………… con domicilio en ………………….., en adelante el locador (aquí debe identificarse a quien presta el servicio), por una parte, y ……………. con domicilio real en …………….., en adelante el locatario (aquí debe identificarse a quien recibe el servicio), convienen en celebrar el presente contrato de locación de obra, regido por el Código Civil y por las siguientes cláusulas:

PRIMERA: El locatario encarga al locador la presentación de un servicio de ………... Dicho servicio será cumplido en ……………., el día …………. entre las ………….. y las ……… hs., ocasión en que se celebrará el/la………………… (mencionar el evento).

SEGUNDA: El servicio en cuestión comprenderá…………… (mencionarlo con la mayor precisión posible, incluyendo datos como cantidades y calidades, etc.). La provisión de los materiales (ejemplo material de ambientación, equipamiento) correrá por cuenta de ……………………………………………

TERCERA: El locador se obliga a prestar eficientemente el servicio de ……….. por sí mismo y a través de su personal, que estará compuesto por …………….. debidamente uniformados a cargo del prestatario.

CUARTA: Como contraprestación del servicio se estipula la suma de pesos ………($…………..). El locador percibe la suma de pesos ……………… ($……………..) en este acto, sirviendo el presente de suficiente recibo de pago. El saldo de pesos …………

($..............) se abonará el día ...., con inmediata precedencia a la iniciación del servicio contratado. En caso de mora en el cumplimiento de la contraprestación a cargo del locatario se devengará a favor del locador un interés del ......% calculado sobre el total del precio convenido.

QUINTA: En caso de incumplimiento de las prestaciones a cargo del locador, el locatario queda facultado para accionar por resarcimiento de los daños y perjuicios que dicho incumplimiento le irrogue, sin perjuicio de acrecer una suma de pesos .... ($...............) en concepto de cláusula penal (multa civil).

SEXTA: Para la elucidación de cualquier diferendo que pudiera suscitarse en relación con la celebración, ejecución y/o extinción de la presente contratación, las partes acuerdan someterse a la jurisdicción de los Tribunales Ordinarios de ...., renunciando a cualquier otro fuero y/o jurisdicción que pudiere corresponder.

En prueba de conformidad se firman dos ejemplares de un mismo tenor y a un solo efecto legal, en ...., a los ....del mes de .... de ....

Firma locatario   Firma locador

Como anécdota (para tener en cuenta al momento de detallar los servicios que brindará un proveedor), recuerdo, un casamiento que se debía realizar en una casa quinta con un parque enorme y pileta de natación en el mes de diciembre (verano argentino). Al llegar la *Wedding Planner* temprano el día del evento, la pileta de natación estaba ¡VACIA!. Si bien el casamiento era informal, la utilización de la pileta como parte de los festejos estaba anunciada desde el comienzo, sugiriendo que los invitados asistieran con trajes de baño. Por suerte para los invitados, la *Wedding Planner* tuvo la suficiente lucidez como para convocar a los bomberos locales quienes en menos de 3 hs. llenaron la pileta que más tarde pudieron disfrutar todos.

Por eso, si tienen contemplado contratar un lugar con pileta, y desean utilizarla, por favor, aclarar en el contrato que la misma debe estar llena de agua el día del evento.

Ruptura del compromiso

Lamentablemente, por diferentes motivos, se producen cancelaciones de la boda, aún cuando todo está listo y organizado para que la fiesta se lleve a cabo. Por lo tanto se deben realizar los siguientes pasos:

Un estado de situación de la boda, en qué punto se encuentra la misma, para saber de manera exacta a qué personas y a qué proveedores hay que comunicarles la rescisión del contrato que previamente se había firmado.

Se cancelarán todos los contratos con proveedores (el vestido, el catering, fotografía, video, sonido e iluminación, traslado de los novios, flores, salón para la recepción o fiesta, fecha del civil, e iglesia, reserva para el viaje de luna de miel, etc.). No cumplir los compromisos ya asumidos generará un costo económico que se tendrá que afrontar.

Lo recomendable es solicitar una entrevista con los proveedores y exponer la situación particular. La negociación es una herramienta esencial en estos casos. Es fundamental verificar qué establecían las cláusulas de contratación en el caso de no efectuarse la boda.

Para estos casos, también hay ciertas reglas protocolares para tener en cuenta.

Se debe comunicar primero a los padres, luego a la familia y en última instancia a los amigos. Es a la novia a quien le corresponde anunciar la ruptura mediante carta a los amigos y familiares. Jamás se debe preguntar el motivo.

Si es la novia quien ha roto el compromiso debe devolver el anillo, como así también cualquier otro regalo de familia u objetos personales íntimos, como cartas de amor. Si es el novio quien lo ha roto, ella estará obligada a devolverlo sólo si se trata de una joya de familia, si no podrá conservarlo o cambiarlo por otra alhaja.

Devolución de regalos

La pareja debe devolver todos los regalos de compromiso y de matrimonio, esto es lo más apropiado, ya sea que se trate de sumas de dinero o de elementos para el hogar. Se deberá adjuntar a la devolución una pequeña tarjeta pidiendo disculpas por las molestias ocasionadas.

Si hubiera abierto una lista de casamiento en alguna casa de electrodomésticos, regalos, agencia de viajes , etc., se cerrará prontamente.

En esta situación específica, se tendrá que realizar un acuerdo a fin de que las personas reciban un vale por el costo del regalo que habían efectuado, con una nota de agradecimiento.

En el caso de que hayan repartido las invitaciones se enviará una nota a los invitados para anunciar que el matrimonio no se realizará. Si se cuenta con tiempo, se pueden escribir unas pequeñas notas dando a conocer la cancelación de la boda. No es un escrito explicativo, sino informativo, claro y directo.

Si no se dispone de suficiente tiempo, ya que la cancelación fue hecha sobre la fecha, los novios deberán llamar por teléfono a cada uno de los invitados, pudiendo contar con la ayuda de familiares. Se comenzará por aquellos invitados que son del exterior o de otras localidades que viajarían especialmente para la ocasión.

Capítulo 8

Curiosidades

Boda al aire libre: a tener en cuenta

Para las bodas al aire libre el clima de la ciudad y de la fecha en que se efectúa el casamiento son fundamentales. En la actualidad la predicción del clima suele ser bastante acertada, por lo que se podrá saber de antemano cómo será el clima ese día faltando una semana. De esta forma se podrá contemplar el alquiler de una carpa si es que va a llover. Hay sitios de Internet que brindan el pronóstico del tiempo.

Decoración

Los espacios abiertos tales como parques o jardines brindan una excelente opción a la hora de celebrar la boda en un ambiente de libertad, son más adecuados los adornos con frutas y flores, porque combinan mejor con el entorno y el menú también puede adaptarse.

Si las mesas que se utilizan tienen sombrilla, lo recomendable es que estén sostenidas en la misma, para garantizar más espacio en la mesa. Recuerde que deben estar aseguradas firmemente al suelo para evitar que una ráfaga de viento las mueva.

Los colores pueden ser contrastantes. Por ejemplo, flores de colores fuertes como el fucsia, naranja, rojo, o amarillo, con mantelería verde limón.

Otra opción puede ser tener centros de mesa con frutas tales como peras, manzanas, uvas, duraznos, o sandías, o zapallos tallados esculturalmente.

En la mesa de honor, se sugiere colocar las mismas flores que se utilizan en el centro de mesa.

Las flores también pueden delimitar espacios, reducirlos, o enmarcar la entrada.

Las fuentes en los jardines se pueden decorar con frutas frescas en la base y flores de estación.

Si la fiesta es nocturna, las antorchas y velas ornamentales se lucen mucho más.

Las velas, las fuentes de piedra o arena, caña o bambú, esculturas en yeso, son otros de los elementos a utilizar en la decoración del jardín. Lo importante, es que se vean armoniosos.

La decoración variará de acuerdo a si la celebración es de día o de noche. Será necesario considerar la época del año en que se efectúa, para contar con las instalaciones complementarias en el caso de lluvia o frío.

Otras consideraciones
- Los proveedores: confirmar que realmente puedan desplazarse al lugar de la boda.
- Contratar el servicio de alquiler de carpas para protegerse del clima.
- Verificar la cantidad de baños con que cuenta la instalación o el alquiler de los mismos.
- Poner una tarima especial para el baile y si el terreno es muy irregular para colocar las mesas.
- Contar con paraguas para la llegada y salida de los invitados en caso de lluvia.
- Fumigar días antes o poner insecticida (que no sea tóxico) para evitar la incomodidad de los invitados.

- En caso de calor pensar en regalar abanicos.
- Algo muy importante es colocar en la invitación la sugerencia de la vestimenta acorde al clima del lugar (hay salones con excesivo aire acondicionado que puede llegar a incomodar a algunas personas).
- El calzado de las señoras que en jardines, pisos de tierra o en la arena, no podrán usar zapatos de taco alto.
- Encargar chalinas, zapatos de tela, o zapatillas tipo ballerina, para brindar confort, a los invitados y hacerle más grato cada momento que pasa en esa fiesta.
- También quedan graciosos pilotines de nylon, para algún momento que deban trasladarse en caso de lluvia.
- Y si quieren mimar a los invitados, contraten a un coiffeur, que permanezca durante toda la fiesta para atender los imprevistos de las damas, ya sea por viento, alguna llovizna indiscreta, o el entusiasmo del baile.

Boda en la playa

Lo más importante que deben de tomar en cuenta para una boda en la playa es lo referido a los invitados. Estas preguntas son orientativas para poder tomar una decisión:

- ¿Qué ventajas tiene el lugar en el que se quieren casar?
- ¿Es fácil para los invitados llegar al lugar? ¿Disponen de algún transporte para ello?
- ¿La playa cuenta con las facilidades necesarias y las instalaciones adecuadas para la ocasión?
- ¿Se puede armar un altar en la playa?
- ¿Cuántos invitados vendrán?
- ¿Será costoso para quienes viven lejos?

- ¿Cuánto cobrarán los proveedores para transportarse hasta allí en caso de no encontrar alguno en ese lugar?
- ¿Qué privacidad podrán tener ese día a pesar de ser un lugar público?
- ¿Podrían los invitados hospedarse allí o existe un lugar cercano para ello?
- En caso de hacerla en un hotel ¿podrán obtener alguna tarifa especial para los invitados?
- ¿Por qué medios se transportará todo lo que se necesita para la fiesta, incluyendo flores, bebidas, etcétera?

A continuación los pro y los contra de la decisión:

Ventajas:
- El marco del atardecer es único y la recepción a la vista del mar es romántico.
- La belleza natural y generalmente exótica, no requiere gran decoración.
- El aire fresco es agradable y favorece la relajación y felicidad de los invitados.
- El menú se basará en platos fríos, frescos y livianos.
- Los hoteles de playa cuentan con promociones y paquetes especiales para celebraciones de bodas.
- Los invitados no se retirarán temprano, por lo que la fiesta puede continuar por horas.
- La familia y amigos pueden aprovechar para disfrutar de unas mini-vacaciones.

Desventajas:
- Es incómodo reservar o pedir informes únicamente por teléfono, se deberá viajar al lugar para contratar los servicios de los proveedores locales.

- Obviamente el estilista y el maquillador de la novia deberán viajar hasta el sitio elegido.
- No todos los invitados podrán asistir.
- Movilizarse en la arena puede llegar a ser una complicación si no se cuenta con pasarelas.
- El clima en las zonas costeras puede variar mucho más rápido que en la ciudad y las inclemencias suelen ser mucho más fuertes también al no tener resguardo (vientos más fuertes, lluvias más torrenciales).

El vals

Es tradicional que se baile el vals, en un momento culminante de la boda. Comienzan los novios a quienes siguen los padrinos, los hermanos, familiares directos y luego se suman los amigos y demás invitados.

Existe una tradición que cada uno de los allegados elige el tema musical que desea bailar con el novio o la novia. Por lo que el DJ tiene el orden en que cada invitado bailará y lógicamente cuando se escucha el tema elegido, se acerca la persona al novio o a la novia y baila ese tema.

En general son canciones elegidas recordando algún momento que vivieron en común. Es muy normal que abuelos o tíos y familiares inmigrantes, por ejemplo, deseen una música de su país de origen y que posiblemente le enseñó a su nieto, nieta o sobrino/a en la niñez. A lo mejor un tema que bailaban en su adolescencia, o si eran compañeros de colegio y realizaron el viaje de egresados con alguna canción en especial.

Volviendo a nuestra boda, ¿Cómo elegimos el tema? Desde ya que están los valses clásicos, más románticos o de comedias musicales. Todo depende, del espíritu de los novios.

Pero es un momento sumamente agradable, que compartimos todos.

¿Cómo se baila el vals?

Nuestra sugerencia es que tomen unas cuantas clases para sentirse más seguros, no pretendemos bailarines clásicos. Sí aconsejamos también, o mejor, sugerimos que inviten a dos o tres bailarines profesionales (o más según la cantidad de invitados) quienes mezclados con el público pondrán una nota sumamente agradable y se hará mucho más fácil seguirlos.

Otro consejo: si la novia lleva un traje de cola muy larga que tenga un botón, presilla o cinta para que pueda recogerla y bailar con comodidad.

Además muchas veces los modistos o el *Wedding Planner* posee polleras para ensayo, similares al que será el traje para que la novia pueda ensayar.

Cuántas madrinas con un vestido de falda tubular, han tenido que hacer sus mayores esfuerzos ya que se hace difícil bailar con ese tipo de falda, los tacos, la emoción y los nervios, pero, una vez más, podemos prepararnos y salir airosos del momento, pero lo principal, disfrutarlo.

De hecho en nuestros cursos de formación de *Wedding Planner*, dictamos clases de vals, a los futuros novios y padrinos que lo soliciten.

Y qué mejor que agregar esta nota del periodista Horacio de Dios.

El vals

El viajero ilustrado

Grácil y elegante, esta danza conquistó los palacios vieneses en el siglo XIX y pronto se extendió al mundo.

Siempre bien acompañado, El Viajero Ilustrado ha bailado el vals en distintas ciudades del mundo. En extensas veladas, ha disfrutado de este refinado "baile de salón", con movimientos ágiles y delicados siguiendo el ritmo del tres por cuatro.

Seducido por la dulzura de sus melodías, El Viajero ha indagado sobre sus orígenes. De esta forma, ha averiguado que si bien se trata de un ritmo musical bailable que nació en el Tirol en el siglo XII, comenzó a ser tenido en cuenta en los palacios de la bellísima Viena hacia 1800, y a extenderse desde Austria hacia otros países de Europa en los años siguientes.

El Viajero sabe que los orígenes del vals no son sencillos de rastrear y los mismos aún no están del todo determinados: mientras que algunos autores sostienen que data de los siglos XII y XIII, basándose en un baile que era conocido como Nachtanz; también hay quienes creen que el vals tiene reminiscencias de la Volte, una danza en tres tiempos bailada en el siglo XVI. Para El Viajero, una de las teorías más convincentes es la sostenida por los historiadores que afirman que el vals deriva de los Landler, unas rústicas danzas que bailaban en la Edad Media montañeses y campesinos del sur de Alemania y Austria. Entonces, un lento compás de tres tiempos hacía girar a las parejas varias veces en el lugar. Precisamente, la palabra vals proviene del alemán Walzer, ya que walzen significa "dar vueltas". Lo cierto es que en el siglo XIX se populariza, toma su nombre definitivo y puede encontrarse en la ópera y en el ballet.

Más allá de los datos históricos, El Viajero ha podido comprobar que se conoce como "vals vienés" a la típica danza de pasos más rápidos.

Aunque fue repudiado en un primer momento por la alta sociedad y hasta considerado inmoral en los albores del siglo XIX, el vals llegó a sonar décadas más tarde en los salones europeos más elegantes, así como también en todas las grandes fiestas de la realeza y de la nobleza.

El gran Chopin aportó una gran cantidad de valses para piano (entre ellos, el más breve llamado Vals del Minuto), pero fueron los Strauss quienes pasaron a la historia como los grandes compositores de esta forma musical. El Viajero no se olvida, por supuesto, de Tchaikovsky y de sus célebres piezas El Cascanueces, El Lago de los Cisnes y La Bella Durmiente.

Haydn, Strauss, Ravel, Schubert y Brahms, entre tantos otros músicos, han dejado también un vasto legado de valses inolvidables, y presentes en todo ballroom que se precie de tal.

Sin embargo, fue Johann Strauss hijo quien habría de convertirse en el "rey del vals", al componer El Danubio Azul en 1867. De los 400 valses del músico, pronto esta pieza se volvió la más popular del mundo. Luego de una primera presentación del vals con coro que quedó para el olvido, el propio Strauss decidió tomar la batuta y dirigirlo -sin coro, esta vez- en París, alcanzando un éxito inmediato. Poco después, brindó conciertos en Inglaterra y, unas semanas más tarde, un millón de ejemplares de la partitura impresa recorría el mundo. En la actualidad, El Danubio Azul es considerado como "el segundo himno nacional austríaco", y es uno de los bises infaltables en el tradicional Concierto de Año Nuevo que brinda la Orquesta Filarmónica de Viena.

Como El Viajero Ilustrado pudo constatar, el vals ha trascendido largamente las fronteras de Europa, y marca el comienzo de las celebraciones aun en las bodas más fastuosas del mundo. A tal punto el vals vienés ha logrado mantenerse vigente, que por estos días puede distinguirse el "estilo internacional" -donde las parejas de baile permanecen siempre enlazadas, con un número de figuras limitado- y el "estilo americano", un baile más distendido en el que las parejas pueden realizar variadas figuras. Según el ritmo, se distinguen el vals inglés, el francés, el ruso y el americano; pero también existen variantes sudamericanas, como el vals tango argentino y el vals peruano, que encierra influencias de los ritmos negros del Perú y tuvo auge a mediados del siglo XX.

Con movimientos giratorios y de traslación, El Viajero baila el vals en cada oportunidad que se le presenta. Sabe bien que el cuerpo debe permanecer erguido, y la mano izquierda del caballero sujeta a la mano de la dama. En tanto, la mano derecha del hombre se sitúa en la espalda de la mujer. Entonces sí, El Viajero se entregará a la danza hasta el amanecer.

por Horacio de Dios

Clarín.com, 30-09-07

El significado del anillo

Si existe una joya con el más alto valor sentimental es sin duda, el anillo de compromiso.

La costumbre de entregar este anillo surge entre los caballeros romanos, quienes aseguraban su contrato matrimonial con una pieza de hierro en forma de aro que la mujer conservaba hasta que fuera cumplida la promesa de matrimonio.

La tradición de que dicha joya llevase un diamante se popularizó a tal grado que se hicieron cortes y montaduras especiales para incrementar la blancura y el brillo de la piedra.

De hecho se dice que el primer anillo de compromiso con un diamante y las características del que actualmente se entrega, fue el que en 1477 le regaló el Archiduque Maximilliano de Austria a Mary de Burgundy.

La tradición de que el anillo de compromiso se debe llevar en el dedo anular de la mano izquierda, es debido a que por sus conductos sanguíneos, va directo al corazón. Y el efecto romántico que produce en toda mujer esta joya no depende de su peso, tamaño o diseño, sino de la carga emotiva que lleva, pues simboliza una promesa de amor para toda la vida.

Las alianzas

Las alianzas se fabrican a medida, van acompañadas de su certificado de garantía de por vida. Las mismas se pueden realizar en diferentes colores de oro 18 kilates, ya sean independientes o combinadas en la misma, de oro amarillo, rojo o blanco.

Existen variados modelos que van desde el clásico hasta los mas sofisticados, con incrustaciones de diamantes, anillos centrales giratorios o el diseño pedido por los novios.

¿Cuándo se encargan las alianzas?

Aconsejamos encargarlas con dos o tres meses de anticipación ya que son piezas fabricadas a medida para cada novio y ante cualquier imprevisto podrán resolverlo con tiempo.

La entrega del anillo

Algunas propuestas posibles:

Todo es válido, durante un viaje, una cena romántica, en el lugar donde se conocieron, todo dependerá de la creatividad del novio y la personalidad de cada uno. Hay algunas personas que prefieren estos actos en privado, aunque a otros les gusta hacerlo en público, a lo mejor delante de la familia y amigos.

Podrán salir a caminar por la playa, un parque, buscando un espacio tranquilo en donde se pueda ver el atardecer, o como testigo la romántica luna.

En el momento indicado se le entrega a la novia un regalo (una caja grande que en realidad esconde el anillo), las variables son infinitas. Muchas películas han mostrado este mágico momento, pero las vivencias de la pareja harán que el novio pueda implementar la que más le agrade a su futura esposa.

Regalos de bodas

La "casa de regalos" es una excelente táctica para ahorrar en la conformación de su nueva casa o para obtener las cosas básicas que les hacen falta, como artículos de cocina, ropa "blanca", aparatos electrónicos o elementos decorativos.

Para inscribirse en una "casa de regalos" sólo necesitan llevar la invitación de su boda de tres a cuatro meses antes. En algunas será necesario que llenen una inscripción, pero ninguna tiene costo. Lo recomendable es elegir los regalos con dos meses de anticipación, pues si seleccionan productos con mucha anterioridad puede pasar que su invitado ya no encuentre algunos artículos en existencia. El tiempo de anticipación promedio de la compra es aproximadamente entre mes y mes y medio antes de la boda.

Aún cuando las casas de regalos les ofrecen asesoría para elegirlos, es aconsejable que se lleve una lista de lo que se requiere para evitar obsequiar cosas que no les resulten útiles.

Hay comercios que ofrecen obsequios como sesiones de maquillaje para ella, asesorías en la decoración de su casa e incluso regalos como el vestido de la novia, como actualmente promociona una casa de electrodomésticos de Argentina.

Otras casas reintegran a los novios un porcentaje del dinero de los regalos, entregándoselos en efectivo. Como una regla de etiqueta, cada vez que reciban un regalo o al regreso de su luna de miel, es apropiado enviar una tarjeta firmada por los dos, para agradecer los regalos recibidos e informar la nueva dirección de los novios.

¿Cómo decimos que preferimos dinero y no los regalos?

"Dar el 'sí' no es sólo cuestión de amor, sino que también hay matices financieros que los enamorados deben tener en cuenta a la hora de casarse. Elegir dinero como regalo de bodas es una nueva tendencia que ayuda a los novios a planificar gastos y ahorrar para el futuro. Empresas, agencias de turismo y bancos se lanzaron a atender a este "nicho", que ya es un negocio que deja millones". Con esta frase, abre la nota publicada por el diario El Cronista Comercial (6/5/08) un comentario sobre los cambios de costumbres a la hora de asumir el compromiso de compartir la vida.

Este sistema generalmente es utilizado para bodas en los que la gran mayoría son familiares y amigos muy personales. Parece frío pero hay hoy en día, tarjetas con el número de cuenta bancaria. Es común principalmente en bodas cuyos contrayentes ya tienen sus casas armadas, en España por ejemplo las hace el banco, y son gratuitas, en Argentina varias entidades bancarias emiten tarjetas de crédito para utilizar una vez, "tarjetas regalo" a las que se les asigna el monto, previamente abonado por quien la obsequia. Un ejemplo: "Vuestro mejor regalo, nuestra luna de miel".

Banco xxxxx N° Cta – xxxxxxxxxxxxxxxxxxxxx

En una oportunidad una pareja de novios, considerando que ya tenían de todo para su casa eligieron la posibilidad de donar el dinero que iban a invertir los invitados, en obras benéficas. Buscaron una institución y les donaron todo el dinero recaudado.

Capítulo 9

Vestimenta de los novios, madrinas y padrinos

La Boda

Nuestras bodas constituyen el más fidedigno testimonio de la vigencia romana. Sigue regulando la ceremonia de la mayoría de los matrimonios contemporáneos. Nuestro "Sí quiero" en los santuarios, la elección de los testigos, el padrino de honor (pronubus) y la madrina de honor (pronuba), los cortejos nupciales y musicales, los anillos de compromiso, etc., todo ello se lo debemos a los romanos.

Si hay una celebración por excelencia, dentro de los acontecimientos familiares, ésta es la ceremonia de la boda. Coordinar todos los preparativos para la misma es complejo.

Todo debe mostrar armonía en el diseño por eso daremos la importancia que se merece a la vestimenta: desde el vestido hasta la elección de la cristalería, debe ser parte de un concepto, que los integre.

Como *Wedding Planner* asesorar a los novios en el gran acontecimiento de sus vidas, donde no hay margen para el error ni segundas oportunidades, deberá tomar todas las medidas necesarias para transmitirle la seguridad de que en la boda nada estará librado al azar.

Vestimenta

En la Argentina no hay muchas casas de moda que ofrezcan ya confeccionados vestidos de boda por lo que en general son encargados a diseñadores, una vez elegido el modelo y tomadas las medidas se confeccionan, pudiendo tener detalles que lo personalizan ya que existen una amplia gama de opciones y variantes de diseños, telas, bordados y accesorios.

El vestido. Los géneros:

Muselinas, sedas, crepé o satén para líneas mórbidas o para las que dibujan el perfil femenino, y shantues, organzas, tafetas, piel de ángel y brocados de seda para las amplias faldas de corte principesco, pudiendo contar con ricos y sobrios bordados en cristales, hilos de seda, cordones o cintas. También encajes, ligeros "Chantillys" o magníficos "guipiures" interpretados artesanalmente e individualmente para cada novia.

Texturas:
- brocado: tejido de seda con dibujos en relieve.
- shantung: tejido parecido a la seda cruda.
- chifon: tejido de textura simple, generalmente de seda o rayón con cierto cuerpo.
- gasa: seda fina y transparente.
- lamé: tejido con hilos de oro o plata.
- moiré: tejido grueso con aguas.
- organza: tejido de hilos de seda finos, transparente.
- raso: tejido fuerte y brillante.
- crepé: tejido liso muy fluido con mucha caída. Puede ser de seda, lana o poliéster.
- damasco: tejido de seda o algodón que forma un labrado en relieve.

- falla: tejido de seda o rayón, de gruesa textura y trama rugosa.
- muselina: sinónimo de gasa.
- organza satinada: tejido tupido de hilos de seda finos, transparente.
- satén: tejido liso y brillante.
- tafetán: tejido de seda lisa y espesa.

La primera prueba

En la primera prueba, se realizan todos los retoques y arreglos para luego ajustar el vestido a las medidas de la novia. También se deciden en esta oportunidad todos los complementos a fin de que en la segunda prueba la novia pueda verse completamente vestida, tal como estaría en el día de la ceremonia.

El tiempo recomendable para este proceso es 5 a 6 meses antes de la boda, a fin de elegir y realizar la primera prueba con más tranquilidad y tener margen de tiempo para los arreglos.

Al momento de la elección del modelo del vestido, se le dará a la novia la fecha de la primera prueba.

Con referencia a la entrega del vestido, se estila que sea entregado una semana antes de la boda, aunque estos plazos pueden ampliarse según la conveniencia de la novia.

En cuanto a las condiciones de pago del vestido, al momento de encargar el mismo se deberá abonar un 30% del importe total, otro 30% en la primera prueba y el saldo en el momento de retirarlo, es decir el día de la entrega, sin ser esto una regla estricta.

La segunda prueba

Consiste en la prueba del vestido con todos sus complementos: tocado, velo, calzado, can cán o medias de nylon, guantes y accesorios.

El propósito es realizar los últimos retoques. La novia se desplazará, sentará y moverá con el vestido y complementos, a los efectos de ver cómo caminar, cómo recoger la cola para bailar y otros detalles que le ayudarán a mantener la elegancia en forma constante. Es esencial que en esta instancia la novia esté acompañada por la persona que la ayudará a vestirse el día de la boda, ya que también se le indicará lo que debe hacer para que la novia esté impecable tanto en el momento de vestirse como durante la ceremonia. Se recomienda asistir a la segunda prueba con el maquillaje y el peinado del día de la boda, para que pueda ver mejor la imagen de novia, completa.

Lo ideal es que el vestido quede perfectamente ajustado, con la máxima calidad y que la novia esté satisfecha con el mismo.

En el caso de que sea necesario, se efectuará otra prueba adicional previa al día de la entrega del vestido.

El día de la boda: el vestido

El vestido debe sacarse de la bolsa y debe colgarse con su percha en un lugar alto para que quede estirado con la cola bien acomodada, para que no sea necesario plancharlo ya que al estar extendido perderá las arrugas.

Para ponerse el vestido deberá hacerlo de abajo hacia arriba, comenzando por las piernas, así no se estropea el maquillaje y el peinado.

Los complementos

En cuanto a los complementos es recomendable sacar el velo de la bolsa y colgarlo con su percha en un lugar alto para que no se arrugue. Los zapatos de novia deben probarse unos días antes de la ceremonia para que el día de la boda esté habituada a los mismos, y los sienta más cómodos.

También se sugiere tener un par de medias de recambio para el día de la boda, ya que podrá responder rápidamente ante cualquier rotura o corrimiento de las mismas.

El vestido y el automóvil

Al entrar en el automóvil debe hacerlo de espaldas y sentada por el lado que vaya a bajarse, es decir por el cual debe salir. La cola del vestido debe estar extendida hacia el lado contrario, de manera que al bajar, salga la novia primero. Generalmente se asigna una persona que la ayudará a levantar la cola del vestido en el momento del descenso.

En la ceremonia

Una vez que la novia tome asiento, la persona asignada deberá ayudar a levantar y extender la cola del vestido. En el caso de que se tratara de un asiento con respaldo, la novia deberá extenderla hacia el lado opuesto al del novio a fin de no quedar separados por ella.

Maquillaje

Para la novia el maquillaje es esencial, ya que como centro de la fiesta, todas las miradas estarán pendientes de ella y también el fotógrafo. Es importante asegurar entonces un servicio de maquillaje que pueda destacar la belleza natural y que se mantenga a lo largo de las horas. Hay que tener en cuenta que la novia debe sentirse cómoda. Se recomienda realizar la prueba de maquillaje, tanto para la ceremonia civil como para la religiosa, debiendo efectuar la limpieza de cutis previamente, ya que también debe atenderse el cuidado y el tratamiento de la piel. Hay maquillajes correctores, que iluminan, que permiten lograr un *look* natural. Para ayudar a mantenerlo, es bueno contar con un *set* de maquillaje, con el mismo color de labial y polvo para retocar si fuera necesario.

El peinado

Es fundamental en la estética de la novia. Para que el cabello se vea impecable es aconsejable efectuar baños de crema para lograr que esté sano, con un color parejo y cuidado. Es importante que el profesional pueda hacer un diagnóstico, tratamiento y finalmente lograr el look que la novia imaginó o que junto con el estilista hayan diseñado.

El estilista debe comprender todos los factores que determinan el aspecto final de la novia, es decir: ver el diseño del vestido que llevará, la altura de su pareja, ya que si el novio es bajo, un peinado alto lo hará lucir más pequeño a su lado.

Es recomendable que en la primera prueba del peinado, la novia lleve un bosquejo del diseño de su vestido, de modo tal que le facilite el trabajo a su peluquero, además de un retazo con el color del mismo, el ramo de flores y el tocado que llevará o en su defecto un dibujo del mismo. Respecto al vestido, es fundamental el escote a la hora de elegir el peinado que llevará la novia. No existe norma alguna, ni moda en lo que se refiere a peinado, pues como se mencionó anteriormente cada novia es una persona y personalidad distinta.

Por ello, un moño tenso puede llegar a verse muy romántico y distinguido, si se suaviza con un tocado adecuado. Obviamente, el pelo con movimiento brinda más romanticismo a una novia, ya sea con el pelo suelto, con un "tomado" ligero de algunos cabellos o, definitivamente, con un trenzado. Algunos estilistas disponen de distintos modelos de accesorios y tocados para el cabello, desde broches o trabas decoradas con flores naturales o artificiales, hasta coronas de fantasía para quienes las prefieran.

Tres meses es un tiempo prudencial para que las novias tomen un primer contacto con el estilista. Durante este período, se diseña el peinado y se revitaliza el cabello.

Las pruebas de peinados posibles: son fundamentales para llegar al día del casamiento con seguridad y confianza tanto en el peinado como en lo que las novias imaginaron respecto de su apariencia general.

Los accesorios no deben hacer perder la identidad de cada novia. A través del look logrado para el día del casamiento la maquilladora y el estilista deberán trabajar en conjunto aplicando su creatividad, experiencia y buen gusto.

Accesorios

Ramos y tocados en flores naturales o en sedas y organzas, especialmente trabajados. Velos en muselina, seda o tul, totalmente despojados o bordados en hilos o cristales y acompañados por tiaras de strass. Y también un elegante y comodísimo calzado trabajado enteramente en cabritilla.

El ramo de la novia

Los ramos de novia existen en diferentes tamaños, formas, materiales y estilos. Los diseños pueden lograrse: sólo de flores naturales, sólo de follaje (hojas verdes), flores con ramas, mezclados con piedras, sólo de piedras, piedras con ramas de sauce, flores con plumas, flores secas, flores de tela, velados. Las formas que más se usan son: los ramos redondos y alargados (clásicos), en vara, con ramas (minimalista) y asimétricos.

Tiaras y tocados

Son todos los detalles que se utilizan para decorar el cabello.

Los diseños están íntimamente ligados al concepto del vestido y del peinado que utilice la novia. Cuando la elección apunta a un tocado con flores naturales hay que tener en cuenta, el tamaño de las flores, el color y la forma: vincha, corona, una o varias guías de igual o diferente tamaño, ramitas, bouquet (grupitos de florcitas) y también se pueden combinar con canutillos, cristales y strass.

Las flores que se pueden utilizar son: nardos, rositas rococó, jazmines, *gypsophila* y jacintos entre las más pedidas. Los tocados no naturales se arman artesanalmente con los materiales en que está bordado el vestido, para lograr una unidad en el concepto.

Las tiaras, coronas, vinchas, bouquets, apliques, peinetas, hebillas estilo bijouterie, últimamente son las más elegidas.

Materiales: cristales de roca, strass, canutillos, mostacillas, piedras irregulares, flores de cristal, nácar, perlas, y materiales alternativos.

Noche de Bodas - Ajuar

Puede ser blanco o de color, con encaje o transparencias.

Ya sabemos que en las casas especialistas en ajuares de novia tienen todos los estilos y existen distintas opciones.

Hay colecciones que agregan un toque retro con los colores que siguen la tendencia en moda mundial: rosa antique, bordeaux, gris, visón y negro, a los que se le suma el brillo de hilos de plata para la línea de novias.

Vestimenta del novio

Nuevos diseños, telas, colores y accesorios para un día inolvidable. La elección de su vestuario es parte de la fiesta, sin embargo debe sentirse cómodo.

Por un lado tenemos la línea tradicional de trajes de etiqueta y la más variada gama de diseños actuales. Son prendas confeccionadas, realizadas a medida y diseñadas para cada novio. Asimismo todos los accesorios y el calzado, debe corresponder con el diseño que interpreta y lo favorezca.

Padrinos y Hermanos

Se debe tener distinción a la hora de elegir el vestuario. El Novio al igual que los padrinos y hermanos pueden solicitar una entrevista con un mínimo de dos meses, idealmente tres. Cuando hace la reserva, queda todo separado para él, lo prueba con anticipación y lo retira varios días antes de la boda.

Asimismo se pueden comprar o alquilar las prendas ya confeccionadas o bien realizar el vestuario a medida.

¿Cuál es la diferencia entre smoking, frac o jaqué? ¿Cuál es el ideal para la boda? Para elegir el vestuario correcto para el día de la boda es importante:

1. Identificar cómo es la boda:
- Boda de etiqueta de noche: Se debe usar frac.
- Boda formal de día: Debe usar jaqué.
- Boda formal de noche: Debe usar smoking.
- Boda semi-formal de día o de noche: un traje claro (para el día) u oscuro (para la noche), un coordinado o media etiqueta.

2. Saber que:
- El Frac: Es el traje formal con saco corto al frente y cola en la parte posterior, camisa blanca, chaleco y moño de piqué, tirantes y pantalones rectos.
- El smoking: Lleva fajilla y moño haciendo juego, camisa con cuello de paloma, saco cruzado o recto de dos a cuatro botones, y pantalones rectos con una tira satinada en los costados. Se pueden cambiar algunas piezas del clásico smoking, convirtiéndolo en media etiqueta, sustituyendo la corbata de moño por una tradicional con un diseño formal y sobrio.

- El jaqué: Es un traje de saco largo con cola redondeada en tono gris oxford o negro con solapa ancha y dos botones al frente, pantalón de pinzas a rayas grises, plastrón y chaleco.

Las características del vestido

El escote, las mangas y la cola. En este aspecto tienen que asegurarse que no tendrán problemas para la ceremonia religiosa, en el caso de que el vestido sea strapless o con grandes escotes. Algunas religiones no permiten transparencias en la novia. Para una boda católica hay que consultar (más de una vez se ha debido postergar una ceremonia por no contar con el visto bueno del sacerdote).

Una vez que idearon el modelo de vestido que desean, es hora de enfocarse en otros elementos que influyen, mejorando la apariencia final. Estos son: el escote, el largo de las mangas y la cola. Mezclarlos y combinarlos influyen en la creación de diversos estilos a partir de un modelo de vestido básico. Ustedes no conocen la combinación que mejor les sentará, por eso es importante que se mantengan abiertas a las diferentes opciones a la hora de elegir estos elementos.

Cuando se trata de escoger el escote adecuado, existe una variedad de opciones sobre las cuales decidir, dependiendo de lo que se desee insinuar. Un escote redondo, uno tiro bajo o uno en forma de "v" le permitirá lucir su lado más sensual mientras que escotes de cuello alto o bateau (cuello bote) distinguirán su sofisticación. Cada uno resaltará su estilo de una manera diferente, por esa razón debe asegurarse de lucir el adecuado.

Le indicaremos los diferentes tipos de escote, los que mejor lucen de acuerdo a cada novia, y el efecto que tendrán en su apariencia final.

El segundo elemento que influye en su apariencia es el largo de las mangas. Al considerar el modelo adecuado de mangas para su vestido, deben asegurarse que armonice con el momento del día y la época del año en la que se casen. Mientras que vestidos sin mangas o strapless se consideran los más adecuados, no se aconseja usar un vestuario con mangas largas o tres cuartos en época estival. Repasaremos las diferentes alternativas e indicaremos cual es el impacto que cada uno produce en la apariencia final.

En último lugar seleccionaremos la cola del vestido. A diferencia del escote o las mangas, ésta no es una parte esencial del traje. Dependiendo la formalidad de la boda, hay que decidir si se desea o no agregarla al vestido. Asimismo el largo debe ser acorde al lugar y al espíritu de la boda. No tiene sentido tener una cola estilo catedral si la boda es en la playa. Aquí se encuentran descriptas las variantes, además de consejos que le permitirán hacer coincidir la ocasión con la cola adecuada para el traje.

Escotes

1. Strapless: este escote es una simple línea recta que va desde la parte baja del brazo hasta el otro, sin utilizar breteles. Este modelo clásico puede modificarse arqueando el escote dependiendo de la forma que desea que el traje le dé a su silueta. Este escote se luce mejor en novias con brazos delgados debido a que resalta la parte superior de los brazos y los hombros.

2. Corazón: el nombre de este escote se debe a la forma en la que la tela se arquea por encima de cada uno de los pechos formando un corazón en la línea del busto. Este estilo se encuentra comúnmente en vestido sin breteles. Para novias con un importante busto es aconsejable este

modelo debido a que funciona como soporte además de evitar cualquier tipo de exposición.

3. Cuello redondo: consiste en la unión de dos breteles gruesos en la parte posterior del cuello. Concentra la atención en el cuello y los hombros, se recomienda para novias con la zona alta de los brazos delgada. No se permiten mangas para este tipo de escote.

4. Cuello en "V": la línea del cuello es llevada en forma de "V" al centro del pecho. Puede convertirse en un escote sutil o uno revelador si se desea. Puede dar la impresión de que la novia posee un busto más pequeño en el caso de que la "V" no sea muy profunda o lo contrario al aumentar su profundidad, dando la impresión de un busto más grande.

5. Cuadrado: los breteles se unen en el pecho formando un ángulo de 90°, creando un estilo muy elegante y que resulta favorecedor en la mayoría de las figuras. Se le puede añadir mangas o no, dejando esta decisión a criterio de la novia.

6. Cuello alto: cubre el pecho y puede extenderse hasta la base del cuello o cubrirlo por completo. Existen variantes a este tipo de escote como una pequeña abertura que exponga algo de piel, dándole un estilo más sensual o agregándole encaje en la parte superior del cuello.

7. Bateau (cuello bote): este estilo conecta los extremos de los hombros, dejando al descubierto la parte superior de los mismos (clavícula). Se puede lucir con mangas de cualquier tipo y se destaca en novias con un busto importante ya que la atención se concentra en el cuello y la zona de la clavícula.

8. Cuello en "U": un estilo básico con arcos que van desde cada hombro al centro del pecho en forma de "U". Al igual que en el escote cuello en "V", la profundidad puede adaptarse a la novia para asegurarle comodidad. Es compatible con la mayoría de las figuras asimismo como con cualquier tipo de mangas.

9. Por debajo de los hombros: el escote, como dice su nombre, descansa por debajo de los hombros, se ciñe al torso y a la parte externa de la zona alta de los brazos. Generalmente, este escote, se utiliza con mangas largas dejando la zona alta al descubierto. Sin embargo, sin mangas luce muy elegante y estiliza la figura de la novia.

Mangas

1. Apenas cubierta: se luce tan sólo en la parte alta de los hombros. Se llevan en vestidos delicados, femeninos y en telas contrastantes o encaje. Las novias con brazos delgados lucen mejor este estilo ya que la atención se concentra en esta área.

2. Pétalo: posee dos piezas superpuestas creando la ilusión de un pétalo de flor. Es una alternativa del modelo anterior. Favorece a novias con brazos más gruesos.

3. Julieta: se caracterizan por ser largas y románticas. En la zona del hombro tienen un efecto abultado y luego se ciñe al brazo hasta llegar a la muñeca. Le añade drama a la apariencia de la novia y es apropiado en épocas invernales o en bodas nocturnas.

4. *Balloon* (globo): de apariencia similar al estilo "Julieta", con la excepción de que el efecto "abultado" se extiende hasta el codo y luego se ciñe hasta la muñeca. A tener en cuenta: da la impresión de tener un brazo un tanto más robusto.

5. Poeta: las mangas de este estilo se ciñen en la parte alta del brazo hasta la altura del codo en donde cobra vuelo. Una alternativa de este estilo es agregarle a la parte fruncida donde finaliza la manga, otro tipo de tela o encaje.

6. Ilusión: ideal para aquella novias que desean tener los brazos cubiertos pero manteniendo un estilo elegante y muy sensual, utilizando materiales transparentes que dejen ver su piel. El largo de las mismas queda a criterio de la protagonista.

7. Campana: son mangas largas, ceñidas a la parte alta del brazo y con vuelo en la zona del codo hasta la muñeca. Ideales para diseños básicos ya que le añaden elegancia al vestido y son utilizadas frecuentemente en bodas invernales o nocturnas.

8. Tres-cuartos: desde el hombro hasta el antebrazo, estas mangas, pueden finalizar en cualquier zona comprendida entre el codo y la muñeca. Les permite sentirse tapada pero sin impedir movimiento alguno.

9. Alfil: es una variedad de mangas largas que rodea todo el brazo finalizando en forma de puño. De estilo bohemio, es perfecto para bodas "casuals" y al aire libre.

Colas

1. Cepillo: es el modelo de cola más corto, debido a que prácticamente no tiene cola alguna. Apenas roza el piso y le añade un modesto volumen al atuendo. Es el estilo más versátil, ya que se adapta a todos los trajes, ceremonias y estaciones del año.

2. Corte: es ligeramente más largo que el estilo anterior. Utilizado en la mayoría de las ceremonias, pierde esencia al vestirlo en bodas al aire libre. Mide aproximadamente 90 cm.

3. Capilla: es el estilo del medio, se lo ubica entre la sencillez del cepillo y la elegancia de las colas de la realeza. Su extensión aproximada es de un metro y medio.

4. Catedral: es la ideal para una boda tradicional y muy formal, además la novia podrá captar la atención de todos los invitados. Requiere asistencia para poder manejarla y para que la misma se mantenga prolija durante toda la ceremonia. Se extiende más de 2 metros.

5. Realeza: solamente utilizada por novias que buscan ser el centro en la ceremonia. Su extensión aproximada de 3 metros permite atravesar todo el pasillo mientras la novia se dirige hacia el altar. Sin duda alguna, se precisa de ayuda para manejar este tipo de colas, asimismo para evitar que la misma esté desordenada. Solamente utilizada en bodas de la alta sociedad.

6. Watteau: este único modelo que posee un toque de originalidad se caracteriza por estar adherido a la parte alta del

vestido ya sea en los hombros o la parte alta de la espalda. Su largo puede igualar al del traje o puede tener unos centímetros más, dándole al atuendo un estilo más dramático.

Ramos

Las flores que elija para el ramo deberán combinar con el traje y con la novia. Unas simples flores campestres podrán verse muy románticas o una sola flor de tallo largo le dará un toque minimalista.

No se vaya a los extremos, algo pequeño lucirá fuera de lugar con un vestido que posea una larga cola.

Hay que tener muy en cuenta el peso del ramo; ya que puede resultar incómodo si es muy pesado. Los ambientadores, generalmente, quitan flores de sus diseños y les añaden grandes cantidades de alambre para mejorar el aspecto de las flores y hacer que éstas luzcan firmes y fáciles de llevar.

Asegúrese de que algunas sustancias naturales que se encuentran en las flores no ocasionen ningún tipo de reacción alérgica, su ambientador debe comunicarle si poseen algún componente que pueda dañar la piel; si usted misma se encarga de elegirlas, investigue por su cuenta.

Arrojar el ramo

Hace muchos años, en Europa, se creía que las novias podían compartir su buena suerte al repartir o entregar sus flores o parte de su atuendo a los asistentes a la ceremonia.

Para brindarles seguridad, la novia lanzaba su ramo antes de retirarse.

En la actualidad, se dice que aquella mujer que lo atrape, será la próxima en contraer matrimonio. En Estados Unidos, la ceremonia del ramo, se realiza en la pista de baile; en Inglaterra la novia lo lanza antes de retirarse en automóvil.

Como alternativa, usted puede entregarle el ramo a aquella persona cuyo matrimonio sea el de mayor duración o si no entregárselo a quien próximamente celebre un aniversario. Pero si desea preservarlo como recuerdo, pídale a su ambientador que realice dos piezas.

Boutonniers (flor en el ojal)

Al elegir los boutonniers, tenga en cuenta el estilo que desea imprimir a su boda, la época del año en la que se realiza y las flores que la novia elija para su ramo.

En caso de bodas formales, flores oscuras cuyos tallos estén recubiertos de satén al tono le aportan un toque de elegancia al smoking del caballero. En cambio, si busca un estilo más "casual" puede optar por combinar la corbata con su boutonnier. Sin embargo no necesariamente deben ser de flores; las hojas y las hierbas lucen preciosas, asimismo los alfileres que las sujetan pueden estar decorados para que luzcan mejor y puede combinarlos y hacer que todos luzcan iguales, o innovar eligiendo diferentes.

Hay que tener presente que el novio pasará alrededor de tres horas de abrazos, saludos y baile; por lo tanto, una opción es realizar dos diferentes y cambiarlos para en las fotografías y que luzcan en perfecto estado en todo momento.

Capítulo 10

Filmación, fotografía, sonido e iluminación, traslado de los novios

Fotografías y filmación

Antes de la boda puede hacerse una filmación sólo con los novios, luego con los amigos y familiares.

Durante la ceremonia y la fiesta también, así se tiene un recuerdo completo de todos los momentos importantes que dará mucho placer mirar con el correr de los años.

Después de la boda se editará según el criterio y gusto de cada pareja pudiendo incluir luego la llegada de los hijos o momentos de antes de conocerse.

Una opción es proyectar en pantalla gigante la historia de vida, el civil, y la ceremonia e incluso la fiesta, como he comentado anteriormente.

Repasemos algunos de los aspectos que podría incluir:

Los novios: fotos de la niñez, de la adolescencia, con amigos y con la familia.

La crónica: una historia de cómo los novios se conocieron o alguna historia divertida o emotiva de los novios proporcionada por ellos con fotos que recuerden el momento.

La ceremonia: datos del lugar, fecha, hora, fotos del Registro Civil, del camino de acceso, de la cuadra y la placa que está en la entrada del edificio. La llegada de los familiares, de los novios y fragmentos de la ceremonia o fotos del momento ante el juez, entrega de la libreta, etc.

La casa: un plano con los datos de la nueva casa e información de contacto para que todos los invitados la conozcan.

Mensajes: un espacio para que los invitados puedan incorporar mensajes de felicitación, agradecimientos, bromas, o la imagen de alguien que vive lejos o que por algún motivo no pudo asistir, será una sorpresa muy agradable.

Una anécdota: para un amigo sueco que estaba viviendo en Buenos Aires, y cumplía 40 años, sus amigos de Suecia se vistieron especialmente de etiqueta y grabaron un video con los regalos en la mano, globos, carteles y hablándole como si estuvieran llegando a su cumpleaños. Fue muy cálido y emotivo, cuando se proyectó ese video.

Cómo elegir profesionales en foto y video

Es importante tener cuidado al seleccionar al proveedor de fotografía y video y así tomar una buena decisión.

Será el recuerdo más tangible que se tenga de la boda, por lo que se debe evaluar:

Nivel de experiencia: verificar sus trabajos y el tipo de fotografías o video que realizaron anteriormente.

El estilo: se explicará lo que se desea y se consultarán las alternativas para hacerlo.

Apariencia: la imagen de los proveedores del servicio. Tener en cuenta, cómo desean que estén vestidos el día de la celebración, si formal o informalmente.

Presupuesto: es importante que sea por escrito y pautar los adicionales posibles. Cuanto más claro, habrá menor margen para malos entendidos o sorpresas desagradables.

Calidad: La tecnología ha ido avanzando en los últimos años y tanto las cámaras de video y fotografía han mejorado notablemente su calidad. Ya que los equipos analógicos han dado lugar a los equipos digitales, deberá tener en cuenta qué tipo de cámaras utilizarán quienes capturen las imágenes para preveer la mejor calidad posible.

Entrega del materiaL: En el contrato se debe especificar la fecha en que estará disponible el material (impreso en el caso de las fotos y editado el video).

Promociones: A veces se ofrecen descuentos por cantidad y tamaño de las fotografías, etc.

Referencias: otras parejas que los conozcan y los recomienden.

En caso de que la boda la organice un *Wedding Planner*, será mejor seguir sus consejos y contratar los proveedores con los que trabajan y en quienes confían, así ustedes se desligan de otro problema.

Sonido e iluminación

La iluminación crea el clima de una boda. Hay muchos otros elementos decorativos importantes como telas, flores, etc. que ayudan a dar el tono deseado a nuestro espacio pero la iluminación añade movimiento y color al lugar.

Durante mucho tiempo se trató la iluminación como un complemento a la hora de decorar, pero hoy es un componente esencial de cualquier evento que incorpore más que centros de mesa y velas como decoración. Los organizadores se están dando cuenta del impacto de su correcta utilización.

No basta pues con bañar una sala con luz anaranjada. Hoy en día incluso se contrata a diseñadores de iluminación para influir en el estado de ánimo de los asistentes a un evento de forma más efectiva que lo que se conseguiría utilizando objetos o decorados. Se usa para ello proyecciones móviles, barridos de luz que cambian de color y motivos durante el acto y trucos que resaltan los elementos singulares de un espacio o que lo convierten en algo totalmente diferente.

Como con otras modas, la reciente popularidad de la iluminación más "atrevida" se deriva de un punto de partida fundamental: cuando los organizadores cuentan con presupuestos reducidos, el uso apropiado de la luz puede convertirse en la manera de crear un ambiente impactante, sin afectar ni incurrir en costos excesivos.

Se pueden conseguir elaborados efectos como barridos de luz con formas y globos sobre la pista de baile, proyecciones de globos móviles para el techo o iluminación exterior. Esto permite flexibilidad ya que no sólo es una solución relativamente económica, sino que también puede reajustarse y adaptarse a la situación final con poco tiempo.

La flexibilidad de la iluminación permite incluso hacer cambios durante el mismo evento, cuando ya los invitados han acudido, de manera que el ambiente de la fiesta cambie conforme se desarrolla el acto. Con diferentes juegos de luces se puede también crear entornos distintos dentro del mismo espacio. Por ejemplo, una proyección de un cielo cubierto de nubes sobre el techo puede tornarse en un estupendo cielo estrellado para el final de la cena.

Luz para crear ambientes

La iluminación juega un papel muy importante en la decoración. La cantidad de fuentes de luz, si son de pie o de mesa, y su orientación pueden ayudar a crear ambientes, como dije anteriormente, incluso separar o unir dos áreas diferentes en un mismo lugar.

Luz para integrar

Para conseguir que dos zonas estén bien diferenciadas pero no choquen entre sí, es importante mantener cierta continuidad entre las mismas a través de la iluminación.

Por ejemplo, si se quiere integrar una zona de recepción con la del salón, lo más adecuado será completar la principal con una segunda fuente de luz para darle un aspecto independiente pero integrado.

Luz para separar

Si lo que pretende es crear un corte entre dos ambientes para que, a pesar de estar unidos, no se mezclen, utilice dos fuentes de luz potentes, cada una orientada a una de las zonas a separar, preferentemente con lámparas de techo. Ejemplo recepción y zona de banquete.

Luz para crear

La intensidad y el tipo de iluminación que se utilice al decorar juega un papel fundamental en la percepción de un evento de bodas.

Una luz suave, rosada e indirecta conseguirá un tono romántico y tranquilo; las luces azuladas, verdosas o violáceas crearán climas más fríos; las luces ámbar o amarillentas trasmitirán sensación de calidez e intimidad; mientras que las luces blancas y directas dan sensación de neutralidad y claridad.

Antes de decidir determinado tipo de iluminación habrá que considerar las telas, cortinados, techos, así como los arreglos florales elegidos, ya que éstas pueden resaltar tanto aciertos como defectos.

En las bodas al exterior sobre todo si son de carácter informal, es muy agradable decorar con antorchas, tanto en la marcación de caminos o delimitando zonas.

Sonido – Musicalización

Puede ser considerado de dos maneras distintas y, antes de decidir cuál es el equipamiento que más conviene, hay que establecer bajo que criterios lo trabajaremos.

La primera posibilidad es considerar el audio como fondo o como música funcional. Es el caso de las recepciones, cuando se escucha música durante una cena, o el caso de la amplificación de la voz en todo tipo de discursos.

En estas situaciones, el sonido debe emitirse a bajo volumen pero deben distribuirse rodeando toda la superficie ocupada por el público.

La segunda posibilidad es considerar el audio como figura o protagonista.

Es el caso de los shows, las pistas de baile, el momento del carnaval carioca, donde los parlantes, de mucho mayor poder se ubican en un solo frente, adelante del público, y desde allí se intenta cubrir todo el espacio. Esta consideración es fundamental y precede a cualquier tipo de análisis que podamos hacer respecto de la elección del sistema de audio adecuado.

Algunos conceptos

DVD: es la sigla correspondiente a *Digital Versatil Disc* o *Digital Video Disc*. Es un reproductor de discos compactos de tanta memoria que permite almacenar una película entera. También reproducen audio a través de cinco o seis canales de reproducción dando salida a los sonidos que pueden rodear a todo un auditorio (*sens arround*).

Micrófonos: en el ámbito de eventos los hay de dos tipos fundamentales: direccionales y ambientales. Los primeros captan apenas los sonidos que suceden en su entorno más inmediato. Vienen con cable o son inalámbricos. Estos últimos pueden ser de mano, corbateros o *headsets* (para usar enganchados a la cabeza) y dan una gran movilidad al artista o al disertante.

Los micrófonos direccionales, con cable o inalámbricos, son los indicados para sonorizar bodas con show en vivo por su poca sensibilidad al ruido del entorno.

Los micrófonos ambientales, en cambio, captan absolutamente todo lo que sucede a su alrededor, por eso se utilizan en ámbitos carentes de ruido como estudios de grabación.

Acústica: el sonido tiene muchos factores que influyen en la calidad del mismo. Los índices de absorción o reflexión por los materiales que conforman una sala, su geometría, la posición de los muebles, las ventanas, cortinados, alfombras y la presencia de público son algunos elementos altamente determinantes en el resultado final del sonido y muchas veces la acción de todos estos condicionantes no es modificable por medio de procesadores electrónicos.

Cálculo de potencia según cantidad de invitados

Le daremos pautas sobre este tema pero sólo los técnicos son los que pueden saber y aconsejar lo que más conviene o lo que corresponde. Es difícil lograr la sonorización perfecta, pero no hay nada tan desagradable como el acople por un parlante o micrófono mal ubicado.

Cuándo el sonido es protagonista: pistas de baile, shows en vivo, etc. Se estima que el índice de absorción de sonido es de 1 watt por persona. Si el evento es al aire libre debemos contar, aproximadamente, 1.5 watt por persona por la posible dispersión de sonido.

Por lo tanto, para un evento con 100 invitados en un ámbito cerrado precisaremos, en principio, no menos de 100 watts, y para la misma cantidad de invitados pero al aire libre 150 watts. Sin embargo, no es aconsejable calcular demasiado justo ni lo contrario. Por lo tanto, debemos llevar siempre potencia adicional.

En bodas más pequeñas puede llevarse el 60% de la potencia necesaria. En grandes, esa cifra puede incrementarse un 30% más que la cantidad de potencia necesaria.

Cálculo de potencia según metraje afectado al evento

El sonido como fondo o música funcional (recepciones, cenas o amplificación de la voz en discursos). En este caso hay una cierta cantidad de público distribuido irregularmente en un espacio de dimensiones considerables o necesitamos reproducir audio a bajo volumen pero distribuido en forma homogénea por toda una superficie dada (salón comedor, sala de recepción). Para este tipo de situaciones conviene disponer de parlantes específicos (tipo Bose 402, Bose 502 ó similares) que requieren ser alimentados con 200 watts de potencia cada uno y ser instalados uno cada 15 metros lineales. Sumando la cantidad de parlantes según las dimensiones de la sala a sonorizar, obtendremos la potencia del amplificador requerido para alimentarlos.

Traslado de los novios

Ya no hay reglas sobre el automóvil de los novios ya que esto se basa en los gustos y en las posibilidades. Hay quienes siguen eligiendo una limousine como opción elegante y hay quienes prefieren un auto o modelo específico (Mercedes Benz, Audi, Porshe o Ferrari) o cualquiera de los que ya conocemos.

Por el contrario a algunas parejas les gusta el auto "antiguo" o sea los llamados "clásicos o de colección", también están los carruajes y los que desean manejar ellos mismos.

Hasta existe (por lo menos en Buenos Aires), una agencia que tiene un Fiat 600 transformado en limousine.

Lo ideal es que el auto de la marca y tipo que sea permita por su espacio que la vestimenta no se arrugue.

El automóvil

En la mayoría de los lugares que alquilan automóviles para bodas lo hacen por un tiempo específico de cuatro horas, que es lo estimado para que la novia vaya a la Iglesia, a tomarse fotografías y luego al lugar de la recepción.

Este servicio incluye un chofer uniformado, el combustible y puede ser alquilado por horas extras a un costo adicional.

Por ello es importante que se verifiquen varias opciones para comparar precios, servicio y calidad. Asegurarse de preguntar el mínimo de horas a contratar, el tamaño, y el color y tipo de automóvil.

Hay algunas empresas que brindan el servicio de traslado incluso desde el lugar de la recepción hasta el aeropuerto, terminal de ómnibus, o puerto.

Como todos los proveedores, se solicita un depósito (generalmente el 50%) al momento de reservar la fecha y el resto se abonará días antes de la boda. Cuando se contrate el servicio, es fundamental acordar hora exacta en que se debe buscar a la novia, la dirección y la ruta de acceso.

Pero lo principal es que ustedes tengan a mano el numero de teléfono, y otro alternativo de la empresa y/o persona que los trasladará, para poder comunicarse ante cualquier imprevisto.

Todas las precauciones son válidas y nunca estarán de más, todos conocemos historias que luego podrán ser divertidas cuando se las cuenta pero en el momento les pueden causar problemas y angustias. Pero no desesperen que todo se puede solucionar si son previsores.

Capítulo 11

Luna de miel, hotel, viaje, preparativos, consejos

Check list para la luna de miel

A continuación mencionaremos una lista de pasos a seguir para la luna de miel.

Luna de miel

Doce a Seis meses antes

Definir qué tipo de luna de miel se desea tener: en playa, en montañas, en crucero, en pueblitos o grandes ciudades.

Solicitar recomendaciones a amigos y familiares sobre destinos interesantes.

Fijar un presupuesto y apegarse a él. Incluir en el mismo los boletos de avión, hospedaje, comida, excursiones, y otros gastos.

Consultar en una agencia de viajes acerca de destinos turísticos para luna de miel, con las correspondientes promociones.

Si viajan al exterior iniciar los trámites para la obtención de visas y pasaportes, o estar atentos a las fechas de vencimiento.

Cinco meses

Definir ya con precisión el lugar, localidad o ciudad a la que se desea viajar y la duración del viaje.

Comenzar las averiguaciones en cuanto a alojamiento, vuelos, etc. para realizar las reservas.

Intercambiar e-mails con los posibles hoteles donde alojarse, consultar los servicios que brinda, la disponibilidad de la fecha y la forma de pago, en caso de no hacerlo a través de una agencia de viajes.

Confeccionar una lista con los nombres de los hoteles, teléfonos, dirección de correo electrónico, ubicación, servicios que ofrecen, promociones y descuentos.

Realizar la comparativa de la oferta hotelera.

Continuar con los trámites de visas y pasaportes.

Tres meses

Definir el lugar de alojamiento.

Realizar la reserva del hotel mediante depósito bancario del porcentaje requerido por el lugar.

Llevar un registro de los números de transacciones y de reserva del hotel y otros paquetes turísticos.

Imprimir y guardar en una carpeta los e-mails intercambiados con el hotel, junto con el comprobante del depósito efectuado y llevar todo en el viaje.

Adquirir los pasajes aéreos.

Verificar qué otro tipo de documentación se requiere para ingresar al destino elegido. Verificar si deben vacunarse contra alguna enfermedad existente en el lugar de vacaciones (Ej. contra la fiebre amarilla en Brasil).

En el caso de tratar con una agencia de viajes, el procedimiento será más sencillo ya que sólo se comparará la información brindada por el mismo, igualmente se deberá guardar copia de los comprobantes de pago y de lo que comprende el paquete adquirido, como comentaba anteriormente.

Dos meses antes

Verificar si se poseen valijas adecuadas, adquirirlas en el caso de que fuera necesario.

Investigar acerca del clima del destino elegido.

Definir qué tipo de actividades se van a realizar para determinar el tipo de ropa necesaria.

Decidir si participarán de alguna salida que requiera ropa formal o de vestir.

Confeccionar una lista de elementos, accesorios y ropa para llevar en la luna de miel.

Un mes antes

Controlar qué tipo de cámara fotográfica o de video se desea llevar.

Adquirir los casettes de video y las extensiones de memoria.

Comprar pilas para las cámaras y las baterías necesarias (puede que no las encuentren en otro país o ciudad pequeña, o que justo los negocios estén cerrados).

Verificar el voltaje de los tomacorrientes (220 volts, 110 volts).

Chequear el saldo de las tarjetas de crédito a utilizar. Algunas tarjetas pueden ampliar el límite de compras si se anuncia que se va a realizar un viaje.

Averiguar cómo extender la cobertura médica durante el viaje y los centros de atención.

Tener mapas e imprimir el itinerario a realizar día a día.

Efectuar las compras de los elementos y accesorios faltantes de la lista confeccionada previamente.

Si toman algún medicamento especifico tengan en cuenta que en muchos países no los venden sin receta y calculen la cantidad necesaria.

Chequear el tipo de cambio monetario.

Cambiar dinero u obtener cheques del viajero.

Un día antes

Tener efectivo disponible en la billetera para imprevistos.

Reconfirmar el horario de salida del vuelo, tren, barco u ómnibus.

Comunicar al hotel el posible horario de arribo y solicitar el transfer hasta el mismo.

Guardarropa para la luna de miel

Lógicamente tu ropa dependerá de las actividades que quieran realizar en el destino, ya sea playa, ciudad, campo o nieve... pero no hay que sobrecargarse, el peso excedente es molesto y cargar varias valijas no es lo más aconsejable.

Si es a la playa, un crucero o en verano: además de los trajes de baño, pareos, shorts, gorras, sandalias, jeans, vestidos delgados, conjuntos de pantalón con blusa, zapatillas y zapatos de vestir, siempre es conveniente llevar algún suéter.

Para la lluvia o nieve: suéteres, botas, jeans, camperas, ropa térmica, gabardinas, bufandas, gorras, zapatillas y un par de zapatos de vestir.

Pero además, alguna prenda liviana por que hay lugares con mucha calefacción.

Accesorios para el cabello que siempre sacan de apuro cuando no se puede ir a la peluquería o nos tomó por sorpresa una lluvia. Pañuelos, hebillas, trabas, flores, ayudarán a estar elegantes en todo momento.

No se olviden del bronceador y el botiquín que deben usar. Verifiquen qué medicamentos pueden introducir en cada país para no tener problemas con la aduana.

Otros

Broches invisibles, aros, pulseras, reloj (sencillos que puedan utilizarse en distintas actividades y momentos).

También se deberá llevar: anteojos para el sol.

- Llevar cada uno una valija.
- Hacer una lista de las actividades que se piensan realizar durante el viaje.
- De acuerdo a ello poner la ropa que se debe usar.
- Informarse con el agente si en algún restaurante se requiere vestir formalmente para llevar la ropa adecuada.

Para cualquier imprevisto siempre es recomendable llevar un bolso de mano con ropa para un día (de ambos) por si se extravían las maletas.

Un último consejo al respecto, intentar que la ropa sea combinable, para intercambiarla y no llevar prendas de más que luego molestará.

En el bolso de mano deben llevar,
- Pasajes (aéreos, de ómnibus, etc.)
- Pasaportes o visas
- Documentos personales
- Carnet de manejo (en caso de alquilar un auto)
- Programa del viaje (itinerario del paquete adquirido)
- Moneda extranjera o cheques del viajero
- Tarjetas de crédito
- Teléfonos de emergencia del lugar de destino
- Datos y comprobantes de pago (reservas realizadas)
- Cámara fotográfica
- Cámara de video

- Botiquín con los medicamentos esenciales
- Mapas
- Revistas y/o libro
- Baterías y cassettes para cámaras
- Toallitas húmedas para las manos (son muy prácticas)
- Desodorante y perfume
- Lentes para el Sol
- Cosméticos y/o cremas básicas (de limpieza, humectante)
- Ropa interior
- Maquillaje
- Shampú y acondicionador (preferentemente en sachet)

Pero recuerden o infórmense las restricciones que imponen las aerolíneas al equipaje de mano.

Tengan en cuenta también el peso de lo que llevan más lo que compren durante el viaje, ya que en general las líneas aéreas son muy estrictas y se llevarán una sorpresa desagradable si deben pagar por exceso de equipaje.

Consulten la cantidad de kg que puede transportar cada uno ya que esto depende de la línea aérea, el tipo de billete, de las características del avión y la reglamentación de cada país.

Para reservar el hotel deberán definir,
- Vista interna o externa.
- Desayunos o comidas incluidas. Algunos hoteles incluyen el desayuno y cena, otros simplemente el desayuno y en otros el mismo es con cargo.
- Disponibilidad de estacionamiento y costo por hora o por noche (si deciden alquilar un automóvil en el lugar de destino).
- La hora del *Check-in* (entrada) y el *Check-out* (salida). La mayoría de los hoteles tienen su hora de ingreso a partir de las 11 hs sin embargo el horario de salida es a las 10.

- Seguridad en el hotel. Últimamente se han extremado las medidas con referencia a este tema en distintos ámbitos, incluso en el hotel. Es necesario asesorarse en cuanto al uso de la caja de seguridad en las habitaciones, edificios libre de humo, etc.

La habitación
- Televisión: Se puede consultar si el lugar cuenta con televisión, video, dvd, alquiler de películas o sistema de televisión por cable y "*Pay per view*".
- Comunicación: teléfono con discado directo o no, conexión a Internet, etc.
- Aire acondicionado y calefacción central o individual.
- Frigobar: es un pequeño refrigerador con bebidas alcohólicas, refrescos, agua, dulces y snack. Lo consumido se renueva en forma diaria y se anexa a la cuenta, siendo abonado al finalizar la estadía, no lo olviden aunque hayan pagado todo, esto y las llamadas telefónicas son "extras".

El hotel
Consultar:
- Tipo de restaurantes, room service, horario de atención y si funcionan las 24 horas.
- Áreas destinadas a deportes (cancha de tenis, campo de golf, etc.)
- Pileta de Natación al aire libre, cerrada o climatizada.
- Servicios de Spa (si les interesa).
- Gimnasio.

Otros servicios extras
- Lavandería y tintorería.
- Transporte. Traslado al aeropuerto, al centro de la ciudad, etc.

- Turismo: oferta de paquetes de excursiones, salidas, circuitos, etc.

Después de la luna de miel comienza una nueva vida...

Hacer las notas de agradecimiento por los regalos de la boda. La señora debe tener en cuenta que, según donde viva, deberá incluir el apellido del esposo tal cual figura en los documentos, tanto en tarjetas de presentación como en las de agradecimiento.

Capítulo 12

Otras consideraciones

Para lograr el éxito deseado:

- Tener en claro el tipo de fiesta
- Adecuar la fiesta y la temática al presupuesto, al estilo, sede y vestimenta.
- Enviar las participaciones e invitaciones entre 30 y 60 días antes de la boda.
- Reconfirmar telefónicamente la asistencia dentro de las 72 hs antes de la boda.
- Si las ubicaciones están prefijadas preparar un plano de las mesas que se colocará a la entrada del salón o se marcará en la tarjeta de ubicación como dijimos en capítulos anteriores.

Tratamiento para invitados que vienen de otras ciudades o países

Es importante que se les dé la bienvenida.
Para ello:
- Previo a su llegada, se recomienda enviarles un e-mail donde se detallen los sitios más importantes de la ciudad y de ser posible se incluirán los teléfonos de restaurantes cercanos a la zona donde se hospedarán, de algún servicio de taxis, entre otros números de interés.

- Se sugiere elaborar tarjetitas de agradecimiento y junto a un obsequio o canasta con flores de estación, enviárselo a la habitación del hotel como bienvenida.
- Durante la fiesta se puede pedir al grupo que anima, que mencione unas palabras como: "Sabemos que hoy nos acompañan desde la ciudad o país..… y queremos darles las gracias por estar aquí".
Es un gesto de amabilidad que sobre todo si vienen de otros países, les resultará muy grato.

Por supuesto que en una boda son dos los protagonistas principales, la novia y el novio, pero las mujeres, tenemos que cuidar más detalles, algo he comentado a lo largo de los 11 capítulos pero nunca está de más recordar y repasar algunos temas.

Consejos sobre la imagen de la novia

Maquillaje

Debe mantener el maquillaje perfecto durante toda la ceremonia, ya lo hemos dicho pero haremos especial hincapié en las tomas fotográficas, y en los momentos culminantes como el vals, el corte de la torta, y el brindis.

Conviene que el rubor les dé un brillo natural. Pueden aplicarse un poco más de lo que hacen habitualmente pero sin excederse. La clave es verse de manera natural y no con exceso de maquillaje, un error fácil de cometer a la hora de escoger el rubor.

Ojos

Al decidir el color a utilizar para maquillar los ojos, elijan colores muy sobrios que, además, combinen con los que utilicen tanto en el vestido como en la pintura de los labios y pómulos. Si optan por colores claros en los bordes de los ojos, los mismos se verán brillantes y grandes. Tengan cuidado con la cantidad de brillo o iluminador que usen ya que puede traducirse en las fotografías.

Iluminando áreas como los pómulos y la frente el maquillaje, lucirá muy bien, pero asegúrense de probarlo en fotografías antes del día de la ceremonia.

La máscara de pestañas y el delineador le dan el toque final a sus ojos, añadiéndole volumen y longitud. Una alternativa es añadir pestañas postizas una vez maquillados los ojos para asegurarse de que todo esté en su lugar y que nada se desplace, luego maquillar las pestañas postizas.

Un consejo: utilicen máscara de pestañas y delineador a prueba de agua. Seguramente, las más emotivas, derramaran algunas lágrimas durante la ceremonia. Tengan escondido en algún pliegue (preparado por la modista) un pañuelito.

Labios

El color del lápiz labial debe combinar con el del resto del maquillaje. Seguramente elegirán un labial de un color más fuerte que el color que usan habitualmente para que la boca resalte en las fotografías.

Para evitar sentirse excesivamente maquilladas, es recomendable probarlo varias veces antes del gran día para acostumbrarse. Agregarle brillo al labial hará que éste resalte. Asimismo utilizando delineador para labios se asegurará que el labial esté siempre en su lugar antes y después de aplicárselo. Al igual que el polvo compacto, mantengan el labial cerca ya que se deberá retocar en varias oportunidades a lo largo de la boda (podrá tenerlo la maquilladora o alguna amiga o familiar de la novia).

Peinado

La clave para tener el peinado perfecto es encontrar uno que refleje el estilo propio. Busquen un peinado que complemente el vestido, el velo y cualquier accesorio que utilicen.

Una opción para encontrar el peinado adecuado es mirar gran cantidad de revistas que se especialicen en tocados para bodas, después podrán mostrarle a su estilista lo que más les gustó y que les diga si se adapta al estilo de ustedes. (Un secreto personal: para mi boda, al peinador se le ocurrió ponerme un pequeño relleno para que calce mejor la mantilla, la verdad es que se lucía, pero les confieso que yo me sentí incómoda, y aún hoy cuando miro las fotos, no me gusto).

También tengan en cuenta el escote y las mangas del diseño elegido y, acorde a éstos, el peinado.

Si lucen un vestido strapless quedarán esplendidas con el cabello recogido que les permitirá lucir el cuello y espalda.

Siempre tengan en cuenta que el peinado es un complemento del vestido pero además enmarca el rostro dándole importancia y resaltando sus facciones.

Al igual que hicieron con el maquillaje, es indispensable que prueben el peinado que lucirán en la boda; tanto si acuden a un profesional como si lo hacen ustedes mismas. Un profesional las guiará y aconsejará acerca de qué peinado es el adecuado considerando su tipo de cabello y el largo del mismo.

Además, prueben tanto el velo como los accesorios para el cabello que deseen utilizar y, si en algún momento de la boda desean remover algún accesorio; su estilista len indicará cómo realizarlo, manteniendo el peinado impecable.

Es importante considerar los factores climáticos: humedad, lluvia, viento y aquellos que puedan afectar su peinado; y determinar los pasos a seguir para asegurarse de que permanezca en perfecto estado durante toda la boda.

Es aconsejable que acudan al estilista con algunas semanas de anticipación para realizarse un corte que sea acorde al peinado que hayan elegido.

Atención, si se tiñen el cabello asegúrense de hacerlo en forma perfecta. No importa que sean insistentes, hablen la cantidad de veces que consideren necesario para que nada quede librado al azar.

Cuidado de la piel

Es un tema que puede parecer menor pero desde ya que no lo es, tener la piel sin ningún tipo de imperfecciones el día de su boda es una tarea que requiere meses de anticipación. Cuidar la piel es la única forma de asegurarse que el día de la ceremonia luzcan increíbles. El primer paso es ingerir grandes cantidades de agua; es un hábito muy saludable ya que no sólo favorece su piel sino que las hará sentirse mucho mejor. Este no es un consejo sólo para ese momento sino para todos los días.

Realizarse una limpieza facial es una de las mejores maneras de preparar la piel. Estos tratamientos de limpieza profunda además de ayudar a mejorar el aspecto de la piel, la relajarán para encarar este evento de la mejor manera.

Probablemente la parte más dura pero esencial del tratamiento, es descansar bien. Ya sé que algunas dirán "No puedo", pero peor será que se desesperen y griten "¡Socorro, me caso! ¡Tengo que estar hermosa para mi boda". Esta tarea puede ser difícil de llevar a cabo, ya que a último momento deberán estar atentas a muchos detalles al estar cercana la boda. Intenten tener todo preparado con la suficiente antelación, y así, los últimos días, podrán dedicarse exclusivamente a sí mismas; y por supuesto hacerlo con mayor tranquilidad si contrataron a un Organizador de Bodas o *Wedding Planner*, ¡qué maravilla que existen!

Pero por lo menos descansen los días previos y lucirán fantásticas.

Fiestas temáticas

También hemos hablado de bodas diferentes. ¿Qué les parece si estudiamos y pensamos en algunas pautas para realizar una fiesta temática? ¿Cuáles podrían ser? ¿Cómo las preparamos?

En la decoración acorde, desde el menú, hasta la vestimenta del personal, los shows, la iluminación y la decoración.

Por supuesto, la primera señal la dará la participación de la boda, veamos entonces:

Decoración temática: Diseño, realización y montaje de decorados ambientado a una época, un lugar determinado o bien la puesta en escena de una escenografía partiendo de una idea o un tema específico.

Disfraces: Alquilar vestuario teatral y disfraces convencionales acorde a la necesidad y característica del evento.

Años 60: Música de la década, recepcionistas vestidas de la época, fotografías de un famoso y del anfitrión, sector con revistas o diarios de la época, juegos de mesa y de salón (flippers). Presentar cuadros imitando el estilo incluyendo los rostros de los homenajeados y otros invitados.

Medieval: Fiesta del vino, botellas variadas, tonos violetas y morados, uvas frescas y secas, platos de quesos. Trajes típicos. Narrador de historias. Presentar cuadros imitando el estilo de la época, incluyendo los rostros de los homenajeados y otros invitados.

(Hablando de la fiesta del vino, en la presentación de un nuevo vino, las señoritas que lo presentaban, bajaron por una escalinata, vestidas a la usanza medieval, con una botella en la mano, pero como se lleva a un bebe, todas de blanco, malva y violeta, con guirnaldas hechas de racimos de uva y toda la balaustrada de la escalera también con guías de hojas de parra y uvas. Acompañadas por cuatro violines, ¡era una belleza!).

Griega: Columnas, color predominante blanco, cisnes, mármoles y cristales. Frutas frescas. Vestimenta típica: togas y estatuas vivientes.

Mexicana: Color terracota y beige, cerámicas de barro, flores, telas con colores de la bandera para decorar mesas o rincones. Aquí si ya sabemos que la música será esencial y por supuesto tendrán que cantar Mariachis. Comida típica (tacos, fajitas, etc.).

Otoñal: Hojas secas como alfombra o repartidas por el suelo, o algunas decorando las mesas, colores dorados, ocres, rojizos, naranjas y amarillos.

Del globo: Globos con helio, multicolores, lluvia de globos, armado de pérgolas, columnas, arcos y guirnaldas.

Del sombrero: Según pasan los años: formatos, colores, tamaños. Puede enviarse junto a la invitación la consigna de venir con un sombrero o tener preparados para los que no llevaron.

Bahiana: Telas blancas y flores, arena, agua y acá seguramente daremos una sorpresa a los invitados con bailarines de capoeira que hacen malabarismos con el fuego y ni qué hablar de las mujeres vestidas de blanco que danzarán o tocarán algún instrumento o cantarán transmitiendo y haciéndonos estremecer con su ritmo sensual que nos conmueven hasta la última fibra.

Del maquillaje: Organizar un concurso y proporcionar los elementos necesarios para que los asistentes se maquillen según las consignas dadas. Se puede hacer a medida que los invitados van entrando o durante el carnaval carioca lo que dará un toque divertido. (*Body painting*).

Criolla: Fardos de pasto, telas rústicas, trozos de quebracho, camareros vestidos de paisanos, ponchos, música y danzas tradicionales. Mesas rústicas. Telones pintados como fondo de pared.

Almacén de campo: Viejas balanzas, registradoras, latas, tarros, frascos, para la ambientación y la comida acorde. Podrá acudir un "paisano" con una guitarra que cantará creando otro clima.

Campestre: Canastas, manteles cuadrillé, frutas, vajilla práctica. Queda simpático un tipo pic nic, siempre que el lugar lo permita y nos sentiremos otra vez en plena adolescencia, vivenciando situaciones más distendidas y relajadas.

El baúl de la abuela: Botones, baúles, viejos recuerdos, mantillas, peinetones, vestidos de época y vajilla acorde lo mismo que los utensilios. Se podrán hacer juegos de antaño, con premios, aunque sean de broma pero saldrá nuestro espíritu lúdico que tanto bien nos hace.

Simple y formal: Vajilla blanca de porcelana, copas de cristal y mantelería de color blanco, iluminación tenue, velas, toques de color rosa o rojizo, telas tensadas blancas. Puede tener un estilo romántico incluso las invitaciones (podrán estar adornadas con puntillas y encajes de tela) que se repetirán en el menú, vestimenta de las camareras, y complementar la decoración con pétalos de rosa.

Las Vegas: Casino, máquinas de juego, mesas de juegos, billetes para ser canjeados, chocolates de fichas, plata de juguete y show. Circo, mimos, payasos, malabaristas y trapecistas. Y bailes, prácticas coreografías con algún profesor y luego ponerle una galera y una pechera a los caballeros y polleritas cortas (aunque sea sobre sus mismos vestidos) a las señoras y un maquillaje de lápiz de labio bien rojo, con una faja o chaleco.

Festival de magia: Varios magos e ilusionistas. Galeras para el cotillón, cartas gigantes para la decoración, los manteles, la vajilla. Todos tenemos un niñito en nuestro corazón. Guantes, varitas mágicas, humo. Los colores pueden ser negro y blanco con toques de plateado o negro y rojo.

Si puede utilizar luz negra, contratar bailarines que tengan iluminadas sólo las cartas que son las que hacen de "vestido" sobre mallas negras, y el efecto del "Ballet de cartas" es fantástico.

Boda civil: Requisitos y Trámites a realizar (en Argentina)

Se debe:

Reservar la fecha, 28 días corridos antes del día que quieran realizar la ceremonia por civil.

Solicitar el turno, uno o ambos contrayentes.

Abonar el costo del tràmite matrimonio por civil, Libreta Matrimonial y costo por cada testigo adicional.

Documentación necesaria

Si son solteros y mayores de Edad: Deberán concurrir con los documentos de ambos.

Luego, 10 días antes de la celebración deben retirar del registro civil correspondiente la solicitud de matrimonio y los formularios de análisis prenupciales.

Menores: Los varones y mujeres de 16 á 20 años deberán presentar la Partida de nacimiento y documentos de los padres, quienes además deberán otorgar su autorización en el acto de celebración del matrimonio. Si uno de los padres no pudiera estar presente deben presentar la autorización del ausente otorgada ante autoridad competente debidamente legalizada.

Testigos

Necesarios: 2 mayores de 21 años, con domicilio denunciado en la ciudad sin cargo. Adicionales: hasta 4 adicionales, sin necesidad de acreditar domicilio en Capital Federal.

Análisis prenupciales

Se realizan 7 días corridos antes de la fecha de celebración en un Hospital Municipal. De hacerse en otra jurisdicción, deberán ser legalizados por la autoridad sanitaria del lugar.

(Puede variar según las ciudades).

Matrimonio a domicilio

Por imposibilidad física: cuando uno de los contrayentes se encuentre físicamente imposibilitado de concurrir al Registro Civil o por causa de enfermedad, el matrimonio podrá celebrarse en el domicilio del impedido, ante 4 testigos, con los certificados prenupciales y certificado médico que acreditará la imposibilidad.

Actualmente, puede trasladarse el juez (como comenté anteriormente) al salón de la recepción o al lugar de la ceremonia religiosa y casarlos en ese momento.

Curiosidades

Casamiento por Internet

"Una pareja de brasileños se casó a través de la Web con validez jurídica" –comenta una nota de Infobae.com (12/4/08)-. La boda se realizó en un juzgado de la ciudad de San Pablo por medio de tres computadoras en videoconferencia.

El novio, un joven brasileño que vive en China. Ella, su novia, también brasileña, vive en Francia. La novedad: contrajeron enlace matrimonial a través de Internet. El juzgado donde tuvo lugar la original boda, necesitó tres ordenadores conectados y emitidos por un popular programa de TV, que permite realizar de manera gratuita videoconferencias.

El juez tenía interconectados al novio, a la novia, y a los padres del novio que estaban en Barcelona. Los únicos que estuvieron presentes en persona fueron los padres de la novia.

"La ceremonia se hizo efectiva gracias a la intervención de los procuradores" -continúa diciendo la nota-. En un matrimonio "por poder", como en este caso, la unión queda legalmente constituida por la presencia de los procuradores que los representan y firman por ellos. Sin embargo el juez, para darle más emoción a la ceremonia televisada, consultó a través de la pantalla a los novios, quienes confirmaron el "sí" ante todos los participantes.

Capítulo 13

¿Por qué contratar
a un organizador de bodas?

Porque realmente es una tarea muy ardua para la cual hay que estar preparado y no se puede vivenciar la organización de un evento con la emoción de ese día, los nervios, la familia, los amigos, y conciliar el amor con el momento que se desea disfrutar como único.

Se ha tomado conciencia que sea una gran fiesta o una reunión íntima, en ambos casos, al trabajo habitual, estudio, incorporar una responsabilidad más se hace muy pesado. Ni que hablar de las bodas entre personas que ya tienen una familia, hijos, a lo mejor cada uno por su lado y se crean conflictos, de allí que surja el Organizador de Eventos, el *Party Planner* u Organizador de Fiestas y más específicamente el o la *Wedding Planner*. Quienes se dedican exclusivamente a esta tarea tienen ya sus proveedores confiables, contactos y experiencia.

Es un profesional que no esta viviendo la emoción, ni pasando los nervios habituales de cualquier pareja. Es verdad que pueden contribuir familiares, generalmente las suegras, hermanas, cuñadas, pero si bien pueden resultar de gran ayuda, en algún, caso pueden traer más conflictos que resolución de problemas.

Ni que hablar si existe algún desentendimiento o si alguno de ellos no está de acuerdo con la boda y allí sí que se crean graves conflictos que en definitiva perjudican y arruinan el gran día, como comenté en la introducción, sin necesitar de llegar al drama de Romeo y Julieta.

Necesitamos alguien que pueda actuar de mediador y así evitar roces, pues uno nunca sabe con qué se va a encontrar, ni en qué momento afloran los nervios de madres, padres, y demás familiares, que con la mejor predisposición, pueden agregar más tensión a la situación.

Un día largamente planeado

La boda de tus sueños. Podría pensarse que casi todos los casamientos son iguales. ¿Por qué?, si todas las personas somos diferentes y especiales, y cada pareja también es única ¿no podrían existir tantos tipos de casamiento como estilos y formas de estar en pareja?

Con el agitado ritmo de vida de estos tiempos, planificar una boda para que salga como la pareja lo soñó, no es tarea fácil y demanda disponer de muchas horas. Como el tiempo es, precisamente, lo que escasea en la actualidad, existen equipos profesionales que se encargan de todo, para que los novios puedan derivar cada una de las actividades organizativas de su casamiento.

El equipo profesional de una *Wedding Planner* se diversifica para abordar con exclusividad lo que debe ser una experiencia inolvidable: la celebración de una boda o un aniversario. Es un servicio dedicado exclusivamente a ese tipo de fiestas. Gracias a la nueva tendencia de consultorías expertas o *Wedding Planner* en la organización total o parcial de estos eventos, el "sistema americano" de tercerizar los preparativos aporta todo lo que uno pueda imaginar y necesitar. El o la *Wedding Planner* nace bajo la convicción de fortalecer el concepto social de familia, reinstalando el sentido y la trascendencia que una boda implica tanto para quienes están directamente involucrados como para quienes acompañan en la celebración.

Los servicios ofrecidos por estos profesionales aportan una triple ventaja: en primer lugar, ahorro de tiempo, al no tener que estar horas y horas buscando proveedores en Internet, exposiciones o revistas; en segundo lugar, ahorro de dinero por los convenios que la empresa sostiene con sus proveedores, cuyas ventajas son transferidas a sus clientes; y en tercer lugar -y el más importante- es que aporta creatividad para que la fiesta sea una experiencia diferenciada, que rompa con esto de que, por ejemplo, "fuiste a una boda y fuiste a todas".

Otros beneficios del Organizador Profesional

- Ahorra el tiempo que implica la búsqueda de sedes, la revisión de contratos, la selección de proveedores, etc.
- Reducir el estrés disfrutando de las decisiones sin preocuparse de cómo hacerlas funcionar.
- Maximizar el rendimiento del dinero, ya que los descuentos que los proveedores le hacen a los *Wedding Planner*, son transferidos a los novios.
- Mediar con los proveedores, ya que los novios, en pos de complacerse, suelen ser candidatos a sobrefacturaciones.

- Obtener los mejores proveedores, pues la reputación del profesional dependerá del servicio que éstos brinden.
- Disfrutar de una coordinación integrada y que no descuide a ninguno de los protagonistas del evento (novios, padrinos, niños, amigos).
- Lograr un pleno disfrute de la organización de ese momento único e irrepetible en la vida.
- Asegurar el cumplimiento de las contrataciones y la calidad de las prestaciones de terceros.

Tipos de servicios

La propuesta es que se puedan generar nuevas sugerencias de eventos personalizados, alguien que ya tiene experiencia y que seguramente en sus inicios ha sufrido imprevistos es un profesional que conoce lo que puede gustar a los novios y a los invitados y sabe prever.

Además, conoce las características de cada sede, los pro y los contra de cada lugar y principalmente la psicología de las personas que los gerencian y pueden ayudarles a hacer más agradable y placentera esa etapa.

¿Y qué más?

- Es un colaborador directo para el asesoramiento y supervisión de los aspectos a tener en cuenta para la fiesta, la ceremonia civil y en algunos casos las pautas de la ceremonia religiosa, que van más allá de las normas de cada religión.

- Organiza la agenda de los tiempos en que es necesaria la participación de los novios, además del acompañamiento al registro civil, sede de la recepción, hasta la elección de la vestimenta, siempre que los novios lo deseen.
- Negociación de presupuestos con proveedores (imprenta, catering, salón, fotógrafo, coche nupcial, etc.)
- Planificación y Creatividad para el evento (aspectos que harán de la fiesta una experiencia única y diferenciada).
- Consideración y atención a involucrados directos y otros acompañantes de la celebración: Padrinos, hijos, damas de honor, amigos, familiares, etc.
- Asistencia de protocolo.
- Asesoría en la decoración trabajando en forma conjunta con estos especialistas.
- Coordinación, seguimiento y confirmación de la lista de invitados (fundamental y a veces engorroso).
- Propuestas originales para la confección de la lista de regalos.
- Confirmación y control de proveedores.
- Verificación de los Contratos y seguros.
- Su presencia y la de su equipo durante toda la fiesta (llega muchas horas antes y se retira mucho más tarde) y está atento a todos los detalles y elementos que se deben retirar.
- Solución a cualquier imprevisto que pueda surgir.
- Servicio de postfiesta, seguimientos, agradecimientos

Por Mariana Rivera

Extracto de la nota. Diario El Litoral - Santa Fe, 18-08-07

Organizar bodas, un desafío de gestión

"Todos piensan que este negocio es como un cuento de hadas, y la verdad es que tiene mucho de eso, porque se trata de cumplirle un sueño a alguien. Pero también hay que trabajar mucho y luchar con un estrés constante" dice el comentarista de El Cronista Comercial (6/5/08) Y en verdad que adherimos plenamente a estos conceptos.

Una experiencia personal

"Hace pocos meses organicé una boda en la Embajada China de Buenos Aires y realmente fue muy complicado, por todas las restricciones que tiene una embajada. Desde el horario para la medición de los espacios, el cálculo de las flores, manteles, telas para la ambientación, la autorización para los fuegos de artificio, el respeto por sus normas protocolares y tradiciones, y además hubo que retirar todos los elementos de cocina, iluminación, mobiliario extra, y todo lo que se puedan imaginar, al finalizar la boda, ya que al día siguiente ya no se podía volver a entrar a la embajada.

Por supuesto que no dormimos, pero no quedó ni un jarrón fuera de lugar."

¿Contrato a un organizador de bodas?

Creo que a esta altura, ya ha leído los 13 capítulos y, si bien en algunas partes me he dirigido a los novios en otras hablo con el Organizador, entonces estas palabras van para los que se dedican o quieren dedicarse a esta actividad.

Para ello transcribiré lo que tiene que ser **El Perfil de un Organizador**, sea de reuniones sociales, eventos empresariales, corporativos, deportivos, culturales, políticos, etc.

Hay ciertas características que son comunes a todos, pero veamos entonces cuál es ese perfil del que hablo.

Cada uno de ustedes sabrá si las posee o si puede adquirirlas pero es seguro que querrán saber ¿Cómo empezar?

Vamos por partes.

¿Cómo debe ser un Organizador de Eventos?

¿Puedo ser yo? ¿Qué aptitudes debo poseer? ¿Qué capital necesito? ¿Me conviene estudiar? ¿Y la edad?

Hablemos del perfil profesional y humano que debe poseer. Aunque es difícil tipificar a un ser humano en función de algo, si podemos asegurar que el OPE (Organizador Profesional de Eventos) indudablemente debe ser creativo.

Si hablamos en teoría o sobre conceptos ideales convendría que en el plano humano tuviera características tales como un natural manejo de las RRPP, y virtudes tan contrapuestas como autoridad y paciencia, disciplina y pasión, a la vez que minucioso y exigente, casi obsesivo pero conservando siempre un perfecto autodominio y también que sepa adecuarse a los cambios y sea flexible.

¿Complicado no? No es para tanto.

Para ser un profesional debe capacitarse para conocer las técnicas de la organización de eventos, así como en la conducción de equipos de trabajo.

Debe aspirar a ser líder aunque primero tendrá que ser un individuo disciplinado, apto para interpretar y ejecutar directivas, sobre todo si trabaja en empresas.

Si quiere trabajar por cuenta propia e iniciarse en esta actividad, lógicamente lo recomendable es que lo haga de a poco, adquiriendo experiencia y una agenda de proveedores y potenciales clientes.

Estos conceptos ideales no son reglas rígidas. Dependerán del tipo de actividad que quieran encarar. No es lo mismo pretender desarrollar promociones en ámbitos cerrados o que exijan un determinado nivel de conocimientos, como por ejemplo, en actividades culturales o artísticas que si desean organizar fiestas infantiles.

Algo similar ocurrirá cuando se necesite contar con contactos dentro del campo de la prensa o de la ciencia.

En la Argentina recién se ha profesionalizado la carrera del Organizador de Eventos. Fue creada por el Centro de Organizadores de Eventos, COE, en 1997 y logró el reconocimiento oficial de la Secretaria de Educación en el año 2001.

En cuanto a los otros interrogantes le respondemos:

No hace falta contar con gran capital para comenzar, ni con un local, aunque si lo tiene por supuesto que es mejor, ya que tendrá otra imagen y podrá avanzar más rápidamente. Pero en este campo, ya lo dije antes, es indispensable la creatividad, la pasión, la honestidad, la seriedad y estar en todos los detalles.

Deberá tener ciertas condiciones de "psicólogo" ya que seguramente enfrentará situaciones muy emotivas, y de exigencias para lo cual no todos están preparados y pueden desbordarse.

Y tendrá que estar preparado para los imprevistos y tener el suficiente autodominio para resolver situaciones, eso si, "la procesión va por dentro", por fuera ¡Sonría!

En cuanto a la edad, no hay límites.

Una persona jubilada podrá organizar pequeños eventos para sus congéneres de la tercera edad con mayor conocimiento de sus necesidades que un joven. Un muchacho podrá iniciarse preparando originales fiestas y recitales compartiendo la misma onda y frecuencia que muchos adultos.

Como marco de referencia hablaré un poco de mis primeros pasos. No sé qué fecha exacta calcular para mi comienzo en el mundo de los eventos, aunque sí sé que a los 17 años formé un ballet infantil (soy bailarina y coreógrafa), y se me ocurrió presentarlo en el pequeño teatro del jardín Zoológico de la Ciudad de Buenos Aires, como marco más llamativo, además de precioso.

Sin ningún apoyo y sólo por propia iniciativa, me entrevisté con el director del Zoo de entonces, insistiendo y fundamentando los porqués, hasta conseguir que me lo prestaran para hacer las funciones allí.

El éxito que tuvimos me permitió ofrecer varias funciones durante todo un mes.

Como vemos, para organizar eventos lo dije anteriormente, no hay límites sino problemas cuyas soluciones nos permitirán aplicar nuestra capacidad de crear. Lo otro, es saber disfrutar de estas posibilidades.

Todos tenemos algo digno de aprovechar, nuestras fortalezas y debilidades. Simplemente, hay que saber encauzarlas y a veces nos viene bien que alguien, desde la vereda de enfrente, nos lo diga.

Mucho éxito en la organización de la próxima boda.